あの日の空

とやま戦後70年

北日本新聞社編集局

あの日の空

とやま戦後70年

1945年の元日は雪が降りしきっていた。寒さの中、北日本新聞を手にした読者は、南国の空を切り裂き、敵艦へ向かって突き進む機影を思い浮かべたことだろう。トップ記事は、太平洋戦争での特攻隊の働きを、昭和天皇がたたえていることを伝える内容。その横には「巡洋艦二隻を轟沈《ごうちん》」の見出しが立ち、飛行隊がフィリピン沖で挙げた、特攻の戦果を詳しく報じている。同じ面のコラム欄では「明るい生活、闇のない生活こそ勝利の生活である」と声高に呼び掛ける。だが、それらの報が想起させたのは、明るさとはほど遠い鈍色《にびいろ》の空だったのではないか。

当時、新聞は政府の言論統制下にあった。戦時中の元日号には、軍のメッセージが色濃く表れた。開戦間もない42年の元日号には、「皇軍一斉に破竹の進撃」といった見出しが躍り、高揚感がうかがえる。ただ、年を追うごとに戦況は悪化。「飛行機が足りない」などと、戦場からの訴えが見られるようになり、記事や見出しの言葉も暗く沈んでいく。物資の不足を反映し、紙面のページ数も減っていった。（本書278ページ）

そして、県民にとって運命の日がやってくる。

45年8月2日未明、県都の空が赤く染まった。富山大空襲。米軍の爆撃機B29が群れをなして飛来し、1万発以上の焼夷弾《しょうい》を富山市街地に投下。多くの命を奪い、その何倍もの市民の人生を狂わせた。

翌日、焼け野原となった市街地の上には抜けるような晴天が広がった。赤く焼けた空と、真っ青な空。鮮烈な色彩のコントラストは、被災者にとって忘れがたい光景となって、脳裏に刻み込まれた。

戦争の日々が終わりを告げてから70年が過ぎた。学校などでは空襲の話を聞く会が催されているものの、当時を知る人は年々少なくなり、記憶の継承が難しくなっている。絶望にうちひしがれた時、わずかな希望をつなぎ止めようとした時、仰ぎ見たあの日の空は、どんな色に映ったのか—。できるだけ多くの声に耳を傾け、読者の元へ届けたい。

目次

第6章　銃後で生きる

第7章　崩れゆく戦線

第8章　烈火の夜

［インタビュー・あの日を語る］

中沖豊元県知事

［ものは語る］

本文中の敬称は略します。年齢は新聞掲載時のままです。

装丁　土井野修清

プロローグ

プロローグ　戦災無休刊

1 疎開工場

大空襲　急きょ稼働

北日本新聞社の２０１４（平成26）年末の世論調査で、県民の４割以上が戦争や昭和の歴史を「知らない」と答えた。記憶は確実に風化している。戦後70年。忘れ去られていくあの日々を後世に伝えるのは新聞の使命でもある。戦前から戦中、復興に至るまで、富山はどんな空気に包まれていたのだろう。記憶を掘り起こし、つないでいく取り組みを、まずは新聞制作の現場から始めたい。

（稲垣重則）

瓦ぶきの古びた木造の建物の前に、腕章をした少年が立っていた。屋内から、ゴーッという独特の機械音が響いてくる。少年には聞き覚えがあった。意を決し、中へ入った。

1945（昭和20）年の夏、うだるように暑い午後のことだった。

少年は長瀬晃、16歳。前年に北日本新聞社に入り、原稿に合わせて鉛の活字を並べる「文選《ぶんせん》」の仕事に携わっていた。建物は、新聞社が新川村寺田役場の旧庁舎（現立山町寺田）を譲り受けて改築した臨時の印刷工場。長瀬の耳に届いたのは輪転機の音だった。

この年の春ごろから、米軍による地方都市への空襲が激しくなっていた。富山市安住町の本社が戦火に遭っても、新聞の発行は続けなければならない。3月には〝疎開工場〟を造ると決め、6月ごろから社員が交代で作業を始めた。予備に持っていた輪転機の移設が終わったのは8月1日夕方。その夜に、恐れていた想定が現実となった。

寺田工場に輪転機を据え付ける工事に先立ち、地元の住民や児童らが参列して行われた地鎮祭。中央後方の建物が新川村寺田役場旧庁舎＝1945年

2日午前0時15分ごろ、空襲警報が鳴った。富山大空襲。焼夷弾《しょういだん》によって富山市街は焼き尽くされ、2日付朝刊の印刷を終えた直後だった新聞社も焼けた。3日付朝刊からは寺田工場で作ることになった。輪転機は試運転さえしていない。何よりそれを動かす社員の安否が分からない。

窮地に陥った新聞制作の現場に、社員が集まってきた。

戦災無休刊──。北日本新聞社にとって特別な重みを持つ言葉だ。太平洋戦争で被害を受けた新聞社は全国に22あったが、北日本新聞だけが1日も休むことなく自力で印刷・発行を続けた。

新聞業界では毎日、紙面を発行し続けることを「紙齢を重ねる」と言う。空襲の猛威の中、新聞の「命」とも言うべき紙齢を、どうやってつないだのか。当時を知る数少ない一人となった長瀬の元を昨年11月から4度訪ねた。

「寺田に行ったのは空襲があった2日か、その次の3日だったかなあ。70年も前やから、忘れたことも多いよ」

85歳になった長瀬は、柔和な笑みを浮かべ、迎えてくれた。製作畑を歩み1989年に退

富山大空襲でがれきと化した富山市中心街。中央に見えるのが旧富山大和＝1945年8月

社。現在は富山市婦中町の新興住宅地の一戸建てに暮らす。

富山大空襲があった時は、市中心部の住宅街に住んでいた。長瀬にとっての8月2日は、自宅そばに落ちた1発の焼夷弾から始まる。「近所の人と慌てて水をかけてね」。遠い記憶をたぐり寄せた。

未明の住宅街。路上に落ちた焼夷弾から火が上がった。長瀬ら7、8人が駆け寄り消し止めた。安堵《あんど》して振り返ると、街は既に真っ赤に燃え上がっていた。「もう駄目だ」。バケツの水を頭からかぶり、近くの神通川へ逃げ込んだ。

燃えるもののない川の中で、B29が落とす焼夷弾の直撃だけが怖かった。だから、ずっと空を見上げていた。敵機は街の炎に照らし出され、赤く輝いていた。

襲撃が終わり夜が明けると、惨状が目に飛び込んできた。焼夷弾の直撃を受けて木に寄りかかったまま動かない人、折り重なるように川に沈む兵士たち…。街にはあまりにも多くの死があふれていた。

自宅は燃えてしまったが、離れ離れになって逃げた家族全員と無事再会できた。それで少しだけ心に余裕が生まれたのかもしれない。長瀬は仕事のことを思った。

「寺田へ行かなければ」

本社が空襲に遭った時は寺田工場に来るように言われ、新聞社の腕章を渡されていた。街は見渡す限りの焼け野原だ。本社の状況を確認しに行くまでもない。

上司らは毎日のように、日中の仕事を終えた後、トラックで機材を寺田に持ち込んでいた。若かった長瀬は、一度も工場に足を運んだことがなかった。がれきの山となった街で、寺田へ行く方法を聞き、東に向かって歩きだした。踏みしめる焦土はまだ、やけどするほどに熱かった。

2 極限状態

熱意で絶やさぬ紙面

「おお、よく来た」

長瀬晃が新川村寺田（現立山町）に疎開した工場に姿を見せると、鉢巻きをした会社幹部が、威勢のいい声を掛けてきた。工場は1945（昭和20）年8月2日未明の富山大空襲で、市中心部の本社が焼けたために、急きょ稼働したばかり。ごう音を上げる輪転機の周囲で、十数人の社員が忙しく働いていた。

20～30代の若手・中堅の多くは軍に召集され、年配者の姿が目立つ。焼け落ちた本社前に駆け付け、そのままトラックに乗って来た人たちが中心だ。

空襲で負傷して腕に包帯を巻いた人がいる。家族の安否が分からない人、帰る家を失った人も。誰もが険しい表情を浮かべながら、黙々と手を動かしていた。

長瀬は85歳になった今も、寺田工場で働いていた社員の姿をよく覚えていた。

「あまりの事態に、頭で何かを考える余裕はなかった。ただ新聞を作るという目の前の仕事に没頭する。それしかできなかったのかもしれない」。当時の「大人たち」の心中を推し量った。

『地方別日本新聞史』（日本新聞協会、1956年）に収められた富山県新聞史の記述も、長瀬の記憶と合致する。寺田工場時代を知る北日本新聞社員がまとめたもので、記述には生々しい実感がにじむ。8月2日の新聞制作は、こう表現されていた。

「運を天にまかせて二日未明から三日未明へかけて、地獄の中から這《は》い出した亡者のような人たちが刷りあげた」

生死のはざまをくぐり抜けた極限状態の中、新聞人の意地と熱意によって、紙齢はつながった。

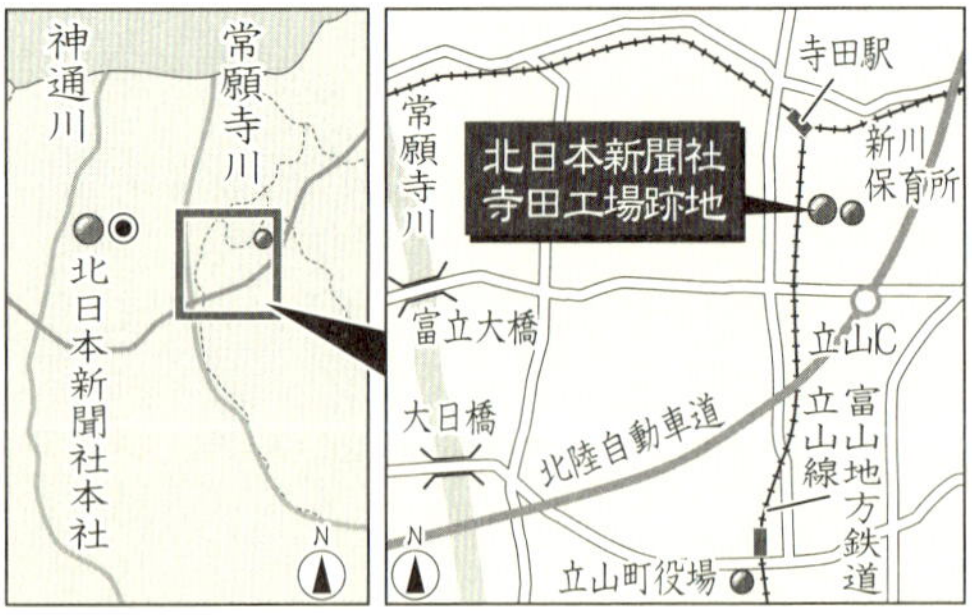

南砺市福野図書館に収蔵されている富山大空襲翌日の北日本新聞朝刊。中央左に「死傷は僅少」の見出しがある

「あ、見える見える、われらの懐しい郷土、こゝに生れ、こゝに死なむと約束づけられた墳墓の地（中略）富山の街々が紅蓮《ぐれん》地獄の底に見えるのだ」

3日付の朝刊の記事だ。爆撃が始まった時、富山市郊外にいた記者が「まぶたに刻みとめねばならぬ」と、木によじ登って見た光景を記したという。後半は「焼き払はれたことが決して敗れたことではない」などと、怒りや無念さをぶつける言葉が続く。

焼《しょう》夷《い》弾《だん》が降り注ぐその下にも記者はいた。農政担当だった若林東治＝故人＝は1日夜に自転車で市内の自宅に立ち寄り、すぐ職場に戻っていた。妻のみどり（100）によると、地下足袋にゲートルを巻いた姿で毎日出勤して遅くまで働いていた。空襲翌日に市内で偶然再会し無事を喜び合ったが、「まだ仕事がある」と出掛けていったという。

爆撃後、記者たちはすぐペンを握り、記事を書いたのだろう。3日付の記事からは、抑えきれない心の震えのようなものが伝わる。刷り上がった朝刊は被災者に無料で配られた。インターネットもテレビもない時代、むさぼるように読まれたという。

記者の思いが率直に表れた記述が目立つ3日付朝刊。1面トップの見出しは「大和魂は断じて焼けないぞ!」と勇ましい。しかし、被災状況については「死傷は僅少《きんしょう》」の見出しが立つ。なぜ事実と違う記載となったのだろうか。

3 言論統制

特高の影ぬぐえず

1945(昭和20)年8月3日付の北日本新聞を、長瀬晃(85)に見てもらった。「こんな紙面だったかなあ」。文字はかすれやにじみが目立つ。

1面トップは「大和魂は断じて焼けないぞ!」。その下には「富山を七十機で暴爆 B29・二時間にわたり波状攻撃」の見出しがある。空襲の規模や被災状況に関する記事は、東海軍管区司令部の発表や、県への取材などを基にしている。

紙面中ほどに「死傷は僅少《きんしょう》」の見出しが立っていた。現在では、富山大空襲の死者数は3千人近くとされ、他の地方中小都市に比べても多かったことが知られている。

事実と食い違っている―。無礼を承知で、そんな疑問を長瀬にぶつけてみた。

「編集のことは分からんな」。最初の答えは一言だった。もう一度、感想を求めた。長瀬はたばこに火を付け、少し間を置いて答えた。

「うかつなことを言えば、すぐ警察行きの時代だ。皆、口にチャックや」

事実をいち早く県民に伝えるため、寺田工場に駆け付けた社員たち。しかし、新聞の検閲に当たる特別高等警察（特高）などによる言論統制の影を、紙面からぬぐうことはできなかったようだ。執筆の現場はどんな空気が流れていたのか。

実は、同じ疑問を抱いた記者が四十数年前にもいた。

◆

71年、北日本新聞夕刊に69回に及ぶ連載「富山大空襲」が載った。読者から募った体験記や資料を基に、市民の記憶を掘り起こし、翌72年には書籍として出版された。

当時文化部に在籍し、専従で取材した浦野俊夫（80）の富山市牛島本町の自宅を訪ねた。連載の中で、空襲翌日の45年8月3日付朝刊に「死傷は僅少」と記されたことに着目していたからだ。

◆

浦野は特高に関心があり、戦時中はどの新聞も、厳重な報道規制下にあったことを知っていた。「ならば富山ではどうだったのか」と考えた。大空襲に関する記事にも、憲兵隊や特高の意向が影響したのではないか―という見立てだった。当時使い始めたばかりの録音機器を持ち、戦時中に新聞発行の責任者だった会社ＯＢ宅へ取材に向かったという。

「当時はしかられ役だった」

ＯＢは浦野の取材に対してこう振り返った。連日のように特高に呼び出されて、始末書を書かされ、怒鳴りつけられた。記事中に富山連隊の動向に関する内容があれば、憲兵隊から呼び出される。日本刀で床をたたいておどされたこともあったという。

「淡々と語る口ぶりから、うそも誇張も感じなかった。実際そうだったのだろうと思った」と浦野は取材を思い起こす。自身も言論を封じられた時代の空気を、かろうじて肌で知る世代だ。幼い頃、近所に住む男性が「日本は戦争に勝てるわけがない」などと世間話をしていただけで、警察に捕まったという話を聞いていた。

浦野は怒りをこらえるように、静かに語った。

「時の権力が恐れるのは言論。だから抑えようと圧力をかける。もうあんな時代にはしてはいけない」

富山大空襲について振り返る浦野さん＝富山市牛島本町の自宅

生まれ変わる決意

前日までの雪がうそのように青空が広がった2015（平成27）年1月半ばの午後。立山町寺田の北日本新聞社寺田工場跡を元整版部員の長瀬晃と訪ねた。現在は民家になっている。雪に覆われた周囲の田畑が陽光を反射して輝く。「近所の皆さんにはお世話になった」。長瀬は辺りを見渡し、目を細めた。脳裏に1945（昭和20）年の夏がよみがえっていた。

富山大空襲を受け急きょ稼働した寺田工場に、編集や製作部門の社員が住み込んだ。まだ16歳だった長瀬ら被災者も多い。工場は狭くて寝る場がなく、食料も乏しかった。

社員を支えたのが寺田地区の人々だ。同町若宮の松井周三（94）宅では、工場に夏野菜を納めたことがきっかけで交流が生まれ、社員2人が下宿した。社員を受け入れた家は何軒もあった。松井は「大変な中で働く姿に、みんな同情していた」と振り返る。

8月中旬のある日、新聞社に衝撃が走った。軍担当記者から「15日終戦」の情報が入った。ただ、記事にはできない。当時校閲部員の深山榮＝故人＝は社長時代の80年、当時の心境を歌集に残した。

三日後にたたかいおわる極秘電知りつつ紙面はきょうもおなじく

製作部門では終戦を報じる号外の準備が始まった。そこで問題が起きた。鉛活字の不足だ。天皇の詔勅《しょうちょく》は漢字と片仮名で表記する。漢字と平仮名はあったが、片仮名の活字が足りなかった。

「はんこ屋を連れてきてくれ」。長瀬に指示が飛んだ。足りない活字がある時に彫ってもらっていた業者が、近くに疎開していると聞き、なんとか見つけ出した。業者は仕事をしながら「こんなに片仮名ばかり彫った経験はない」とつぶやいた。

号外は無事発行された。長瀬はその日、輪転機横に置いたラジオで玉音放送を聞いたことを覚えている。雑音がひどく内容

寺田工場の跡地を訪れた長瀬さん。
現在は民家や畑となっている＝立山町寺田

はよく分からなかったが、心底ほっとした。「みんな似たような気持ちだったんじゃないかな」。70年の時を経た今、そう思う。寺田工場は本社の復旧を受け、45年暮れに閉鎖された。

記者たちは終戦をどう迎えたのか。70年8月15日の夕刊コラムに手掛かりがあった。「やけつくような真夏の太陽の下で、いま聞いたばかりのかすれて聞きとりにくかった放送の内容をあらためて胸に刻みながら、コツコツと歩き回った」

筆者は元論説委員長の松本直治＝故人。県庁内にあった編集室で玉音放送を聞き、外へ飛び出して記事の構想を練ったという。大本営陸軍報道班で南方に派遣された松本。退社後の93年に出した自著では「ペンをもって戦争遂行の気運を担い、煽《あお》った責任は免れ得ない」とも記した。

45年8月23日、異例の「論説」が1面に載った。戦時中に新聞が権力の下で「金縛り」となったことを認めた上で、「報道機関が真実を伝へるものと県民は信じて戴きたい」と訴えた。さらに「報道機関は出来るだけ速やかに入手した情報を発表し、国民に正しき帰趨《きすう》を与へることをこゝに約束しなければならぬ」と結んでいた。新聞は生まれ変わろうとしていた。

戦前編

第1章　憧れの満州

1日満大博覧会

「躍進富山」の象徴

太平洋戦争へ突き進んでいく日々を、富山県人はどう生きたのか。戦前編の第1章「憧れの満州」では、海の向こうの大陸を見つめた人々に光を当てる。

（稲垣重則）

花ぐもりの空に爆音が響きわたった。プロペラ機が富山市上空に次々現れ、祝賀飛行を披露する。紅白幕で彩られた街を走るのは花電車。モーニングや着物に身を包み、顔を上気させた人の波が、富山電気ビルの向かいに建つ西洋風の門の中へ吸い込まれていく――。

1936（昭和11）年4月15日、富山市で「日満産業大博覧会（日満博）」が開幕した。当時の各新聞を読むと、お祝いムード一色に染まった県都の情景が浮かび上がる。

主催は富山市。現在の富山電気ビルから県庁までの一帯が会場となった。全国の物産を集めた本館や建国間もない満州国（現中国東北部）を紹介した日満記念館、「電源王国富山」をアピールする電気館など50近い施設が並び、「富山市空前の大事業」と言われた。

県内の80、90代の人に戦前の話を聞くと、しばしば名前が挙がったのが日満博だった。「にぎやかだった」「小学校で見に行った」。80年近い歳月が過ぎ、記憶の細部が失われても、楽しかった実感は色あせていなかった。

「面白いロボットがいてね。子供が集まってわいわい言っていた」。当時小学生だった元富山市職員、

富山市の神通川の埋め立て地で開催された日満産業大博覧会の会場＝1936年4月

坂井正明(90)=同市稲荷元町=は電気館入り口で案内役を務めたジュラルミン製のロボットを覚えていた。博覧会誌によると、質問すると裏に控えているスタッフがマイクを使いユーモアを交えて答えたという。坂井は会誌の写真を見て「これこれ。ふざけた質問をして、どんな返事があるか楽しんだ」と目を細めた。

日満博の人気は数字が物語る。55日間で延べ91万3030人が来場。当時の県人口を上回った。1日で6万人を超える日があり、人波の中で卒倒する人が出る騒ぎも起きた。

戦前のこの時期、何がこれほどの熱気を生んだのか―。富山日報(北日本新聞の前身)の開幕日の紙面から、県を取り巻く状況が見えてくる。

1面の記事は博覧会が元々は34年の飛越線(現在の高山線)開通を記念して計画されたことを紹介。同線は県の経済や産業に重大な意義を持つと歓迎した。明治以降、太平洋側で近代化が進み、「裏日本」と呼ばれた日本海側と格差が広まっていた。鉄道によ

日満博の会場となったエリア

り「表」と直結されることへの期待は大きかった。

「一九三〇年代遂《つい》に風雲に乗《じょう》ず」の見出しで、日満貿易に熱いまなざしを向けた記事もあった。伏木港や東岩瀬港は大陸に近く、富山が太平洋側と満州を結ぶ拠点になれば「裏」から一気に脱却できる。

30年代は県庁の現庁舎や富岩運河が完成。「連隊橋」の名で呼ばれた富山大橋の架け替えもあった。市中心部を分断していた神通川の流路変更によってできた埋め立て地も整備され、日満博の会場に充てられた。

インフラ整備や国際情勢の変化を追い風に、富山は近代工業都市へ生まれ変わろうとしていた。日満博は「躍進富山」を高らかに宣言する場だ。当時の県民が抱いていた高揚感は、北陸新幹線開業時をしのぐほどだったのかもしれない。

日満博の開催を記念して作られた絵はがきや年賀はがき（富山市の江尻和久さん所蔵）

米国人演者による「火炎の大飛び込み」が人気を集めた「万国街」の向かいには、軍の支援を受けて設けられた国防館が建っていた。富山市の模型を使った空襲に関する展示があり、音や映像を交え敵機との攻防がリアルに再現されたという。

会誌には防空思想の普及に成果があったと記されていた。しかし、メッセージが本当に伝わったかは心もとない。電気館のロボットをよく記憶していた坂井は、国防館については「記憶にないなあ」と首を振った。

日満博の9年後。富山市の市街地は米軍の爆撃機B29の空襲を受け、焼き尽くされた。坂井も自宅を失っている。「今振り返れば日満博のころが、歴史の変わり目だったのかもしれない。ただね、当時の庶民には戦争といってもまだ対岸の火事ぐらいの認識だったんじゃないかなあ」

2 日本の生命線

重要性　国民に浸透

1936（昭和11）年に開催された日満産業大博覧会の会場。楼閣風の建物に足を踏み入れた少年は、室内のきらびやかな装飾に目を奪われた。喫茶室の席に着くと、運ばれてきたのは不思議な香りのする飲み物。「これは華やかだ」。異国の雰囲気に、すっかり魅了された。県薬剤師会連盟理事の松井泰治（87）＝富山市今泉＝は小学生の頃、日満博を訪れた。博覧会誌を見ながら当時の話を聞くと、鮮明に覚えていたのが「満州館」だった。「出してもらったお茶がおいしくて。子ども心に満州はいいところだと感心したものだ」

満州は現在の中国東北部だ。戦前の日本では、ソ連の南下を防ぐ防衛上の要地で、豊富な地下資源は日本の発展に欠かせないとして「満蒙《まんもう》は日本の生命線」と叫ばれた。南満州鉄道（満鉄）を警備していた関東軍は31年に満州事変を起こして満州を占領。翌32年には満州国を建国し、日本が実権を握った。

松井は、満州の重要性を子どもでも理解していたと言う。「日露戦争で多くの犠牲をはらってロシアから守った大事な土地だ。学校でもそう教わった」

県教育記念館（富山市千歳町）に所蔵されている戦前の教科書を読むと、確かに満州が登場する。『高等小学地理書巻一』（36年）は、第1章「アジヤ洲」の最初の国として満州を取り上げ、日本との関係を「極めて密接で相離るべからざるものがある」と紹介。『小学国語読本巻五尋常科用』（35年）では「犬のてがら」と題し、軍犬2匹が満州事変で伝令役として働き、戦死した話が取り上げられていた。

『富山県史』より作成

新聞は、どう伝えていたか。北陸タイムス（北日本新聞の前身）は31年9月20日、満州事変の始まりとなった柳条湖での鉄道爆破事件を、当時の首相が中国兵の仕業とし「我軍の行動は正当防衛」と述べたことを報道。全国紙も、中国側の計画的行動などとする軍の発表内容を報じた。

満州事変について報じる1931年9月20日の北陸タイムス

事件は実際は関東軍の〝自作自演〟だった。真相は長く伏せられ、当時の国民は事実を知ることなく、熱に浮かされたように軍の支持に流れていった。

満州建国から4年後に開かれた日満博。満州館は満州国政府などが設営し、館内には、喫茶のほかに鉄や石炭といった満州の資源を紹介した展示などがあった。

博覧会は、県民の「満州像」にどんな影響を与えたのか。日満博に関する研究を続けている県内の女性学芸員に話を聞いた。

3 夕日の大地

作られたイメージ

日満産業大博覧会（日満博）を調べている学芸員がいると聞き、富山市民俗資料館に向かった。富山近代史研究会の会員でもある尾島志保（35）は、昨夏発刊された共著『歴史と観光』に、日満博と戦前の富山をテーマにした文章を寄せていた。

日満博に関する新たな論文を発表するため、尾島は研究を続けていた。いま関心を寄せているとの一つが、展示が人々に与える満州の心象だ。「多くの資源が眠る豊かな大地」「素朴でおおらかな憧れの地」といったイメージが強調されたと言う。

・―・

例えば、満州館に設けられた幅14メートルを超える大型展示の「満州大観」。狭い島国とは対照的に、広大な大陸で沈む太陽を背に、農作業をする人々の様子を精巧に再現していた。博覧会誌には「際涯《さいがい》（大地の果て）なき満州を一望に認識せしめ、王道楽土を高らかに謳歌《おうか》する様を如実に表現する」とある。

日満記念館には日本と朝鮮、中国などの民族の協調を目指す満州のスローガン「五族協和」の理念を伝える政治色の濃い展示もあったが、大半は満州の祭りや秘境の景観など、現地の風物を表したものだった。

尾島は「展示は政治性よりも娯楽性を重視し、観客が楽しみながら満州の世界を体感できるように気を配っていた。ただし、そこで提示されたのは、あくまで画一的なイメージだった」と指摘する。

博覧会誌を手に日満博について語る尾島さん＝富山市安養坊

「憧れの満州」を発信した博覧会は、日満博に限ったものではない。戦前、全国の地方都市で相次いで博覧会が開かれていた。各博覧会には、日満博と同様に満州に関する展示があり、一種の「満州ブーム」と言えるような状況が生まれていた。
当時の日本には、来るべき総力戦に向けて満州の工業化を進め、軍需資源の供給地にする目論見があった。そのような流れの中、ブームは国や軍からの「プロパガンダ」として、押しつけられたものだったのだろうか。

「そこをどう考えるべきかは、難しい」。尾島は言葉を選ぶ。資料を調べた限り、国などが地方に満州館などの設置を求めた形跡はなかった。一方的に押しつけられたというよりも、博覧会を盛り上げるため主催者側から、他の博覧会で人気だった満州館などの施設側に、出展を依頼した可能性があるという。

「地方は国の帝国主義的な動きを傍観していたわけではない。時流に乗るため利用する。すると、それがまた帝国主義の拡張へつながっていく。戦前の状況の理解には、こんな視点が必要ではないか」

日満博が開かれた当時、県内の港は満州との対岸貿易に沸いていた。当時の伏木港を知る元教諭を訪ねた。

4 帝国の表玄関

対岸貿易で恐慌克服

船の油やニシン、木材…。港は、さまざまなにおいに満ちていた。「満州から来た船といえば、豆が発酵したような独特のにおい。大豆から油を絞った後の『豆かす』をたくさん積んでいましたから」。元教諭の古岡英明(89)＝高岡市伏木錦町＝は、伏木港史のページをめくりながら、小学生のころ遊び場にしていた港の思い出を語った。

授業が終わると、自然と港へ足が向いた。かばんを放り出して港内を駆け回り、おなかがすけば、倉庫に積み上げられていた昆布を引き抜いて食べた。毎日通ううちに船の名前もすっかり覚え、汽笛の音を聞き分けられるほどになっていた。

町は終日、港関係者でにぎやかだった。積み荷を運ぶ仕事をするため、大勢の作業員がトラックの荷台に、すし詰めになって運ばれて来る。夜になると、船員たちが飲食店に繰り出した。

古岡がよく港に出入りしていたのは1936（昭和11）年前後。富山市で日満産業大博覧会（日満博）が開かれたころだ。博覧会誌は当時の県の貿易について「日本海は日満産業貿易上の活舞台となり之と対峙《たいじ》せる北陸の地は一躍して我が帝国の表玄関たらん」と記している。少年が日の当たりにしていたのは、「帝国の表玄関」へと飛躍しつつあった港の姿だった。

伏木港と対岸貿易について語る
古岡さん＝高岡市伏木錦町

『伏木港史』によると、ほんの数年前まで、世界恐慌などの影響で港は不況にあえいでいた。恐慌の波が日本に押し寄せた30年に荷役高が激減。31、32年も改善の動きはない。

復調の原動力の一つとなったのが、満州建国を受けた日満経済ブロック形成の動きだ。33年に、満州や朝鮮と伏木を結ぶ連絡直通航路が開設され、対岸貿易が活発化。富山市の富岩運河周辺などで工業化が進んだことも後押しとなり、40年には荷役高が不況の底だった32年の2倍近い200万トンに迫った。

戦後、伏木小の教員となり、伏木港史の編さん委員も務めた古岡は、「満州からは質のいい石炭が入ってきた。戦前の県工業の飛躍に、満州が重要な役割を果たしたことは間違いない」と語る。

◆

当時の港町の少年は、海の向こうの大陸をどう見ていたのだろうか。古岡は「日本にとっての重要性はよく理解していた」と話し、さらにこう言葉を継いだ。「実は、私の無二の親友が大陸へ渡っていったんです」

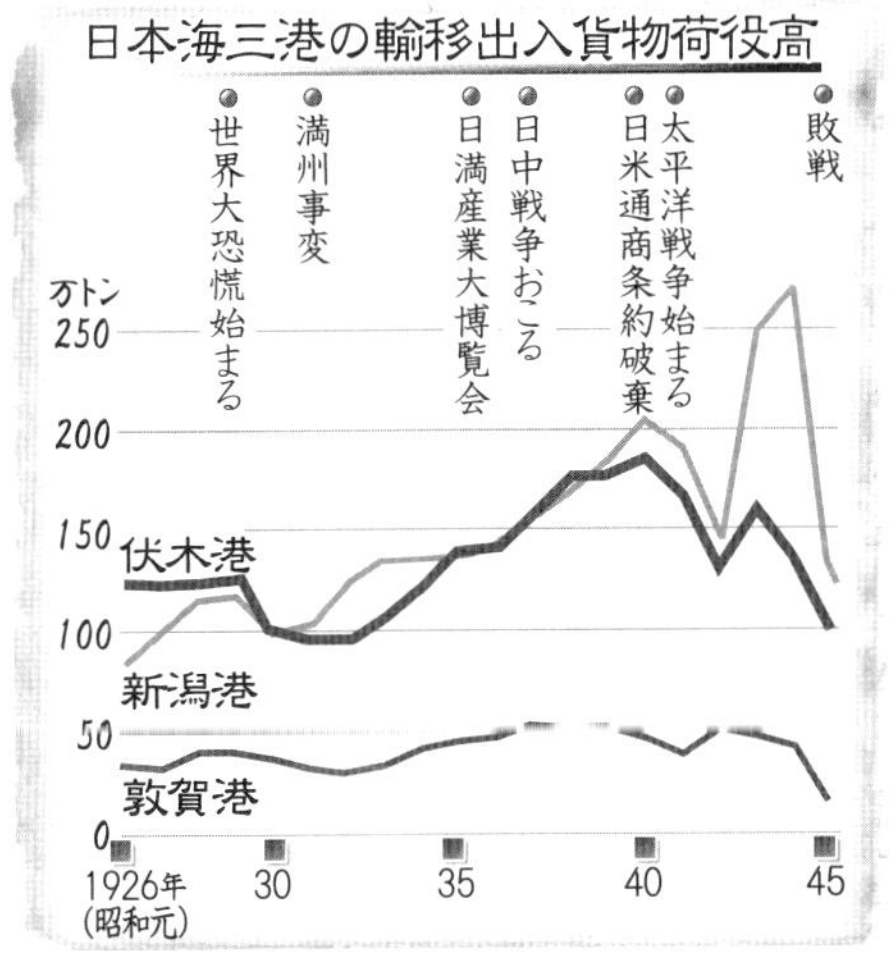

『伏木港史』より制作

エリートコース暗転

伏木港の歴史に詳しい古岡英明に、戦前の対岸貿易について取材していると、話は満州へ渡った親友に及んだ。見せてもらった黒い台紙のアルバムには、セピア色の肖像写真が2枚並べて貼ってあった。

古岡は一方の写真を指さし、「こちらが水野松三さん。2歳年上だったけど、ショウちゃんと呼んで慕っていた」と目を細めた。写真の若者は椅子に手を掛け、はにかんだような表情を浮かべている。「こっちは私。家が隣同士だったから、港で遊ぶ時も図書館に行く時も、いつも一緒だった」

古岡には水野にまつわる忘れられない思い出があった。1938(昭和13)年のことだ。「商業学校に行けることになったんだ」。水野が声を弾ませ、古岡に伝えた。水野は勉強が好きだったが、早くに父親を亡くし、小学校の高等科を卒業した後は働くことになっていた。

満州から届いた故水野さんの写真（右）。隣は古岡さん＝高岡市伏木錦町

助け船を出したのは伏木港の荷役会社に勤めていた水野の兄だった。対岸貿易による好景気で会社が潤った。給与が上がり、学費を出してもらえることになったという。

水野が選んだのは地元の伏木商業学校（現伏木高校）だった。港町から国際的に活躍する人材を輩出しようと、27年に創校。当初は英語やロシア語の教育に力を入れた。31年の満州事変後に対岸貿易が活発化し、「日本海時代」と呼ばれるようになった。商業学校は満州などの物産を陳列する「満蒙館」を校内に設置。支那語（中国語）科を設けた。

水野は支那語科に進んだ。対岸貿易に沸く港を目の当たりにしていただけに、ごく自然な選択だったのだろう。卒業後は満州の鞍山にあった製鉄所に就職した。古岡は言う。「当時としては、立派なエリートコース。語学を身に着け、大きな希望を胸に海を渡ったはずだった」

手紙で近況を伝え合ったが、戦況の悪化で郵便もままならなくなった。最後の便りが、44年に送られてきた写真入りの封書だ。アルバムに貼られていたのは、この時の写真だった。

古岡は神奈川県にあった陸軍通信学校で終戦を迎えた。9月に伏木に戻り、親友の死を知った。水野は満州で召集された後、病没していた。

「体が強くなかったから。今のような平和な時代なら、もっともっと多くを成し遂げるはずの人だった」

戦後、小学教諭となった古岡は、戦争で親を亡くした子どもと向き合ったり、満州建国から太平洋戦争に至る当時の歴史に触れたりするたびに「自分はなんと恐ろしい渦巻きの中にいたのか」という思いに駆られてきた。

戦争に向かっていく熱気に押し流され、客観的な視点を持つことはできなかった。

「あんな時代に陥《おとしい》れられるのは、私たちが最後でなければならない」

6 満蒙開拓団

フロンティア目指す

「満蒙の新天地を打ち開き、そこに新富山村否日本の新境を建設せんとする第一回武装移民団五百名に参加する富山県の三十七勇士に、いよいよその晴れの首途（旅立ち）の日がきた」

1933（昭和8）年6月5日、県内から満州（中国東北部）に渡る武装移民団第1陣の出発式が行われた。富山日報（北日本新聞の前身）は、その様子を熱っぽく伝えている。この年から終戦までに、開拓団員として満州へ渡った県民は、4千人を超えるとされる。

戦前の満州での暮らしを聞くために元団員を探し、東安省（現黒竜江省東部）の二竜共栄開拓団にいた高田千代子（86）＝南砺市野田（城端）＝にたどりついた。今も現役で新聞の配送などの仕事をしているだけあって、話しぶりも若々しい。

「まだ小さいころの話だけど、私、絶対忘れんわ」。開拓団に加わるきっかけを尋ねると、戦前の井口村（現南砺市）で起きた小作争議の話になった。

29（昭和４）年にアメリカのウォール街から始まった世界恐慌の波は日本はもちろん県内の農村にまで及び、米価急落をもたらした。凶作も重なって農家の生活はひっ迫。地主に渡す小作米を減らすよう求める争議が各地で起きた。

千代子の生家があった井口でも小作争議が起き、世話好きだった父の太七郎は、小作側のまとめ役になった。千代子はある日、家のタンスや茶棚などに、白い札が貼られたことを覚えている。「争議がこじれ、家財道具まで差し押さえられたんやね」

36年、太七郎は家族に「千代子が小学校を卒業する年になったら、迎えに来る」と言い残し、１人満州に渡った。争議について「こんなに人の世話を焼いて、それで恨まれるならもういい」とこぼしていたという。

政府はこの年、満蒙への「20カ年１００万戸送出計画」を打ち出し移民政策を本格化させていた。恐

父の太七郎さんの遺影を見つめる
高田さん＝南砺市野田（城端）

慌や凶作に見舞われ、狭い農村で追い詰められた太七郎にとって、満州はフロンティアに映ったのかもしれない。

5年後の春、約束通り迎えに来た太七郎に連れられ、千代子ら家族5人は満州の地を踏んだ。25家族ほどでつくる開拓団は、高い壁に囲まれた中に住んでいた。初めて家の畑を見に行った時、千代子は思わず声が出た。「これ全部、父ちゃんの畑け」。十町歩（約9・9ヘクタール）の農地にジャガイモやスイカなどの畝《うね》が整然と並んでいた。

農繁期は早朝から日が暮れるまで働き続けた。疲れはて、畑で眠ってしまったこともあった。「それでも、小作時代に比べれば見違えるような暮らし。家族で仲良く働いて、毎日が本当に楽しかった」。夏場の休憩時は冷やしたスイカを「水代わり」に食べた。馬に乗ることを覚え、草原を走り回った。何よりうれしかったのは収穫だ。ジャガイモは運搬用の貨車がいっぱいになるほど取れた。

千代子にとって満州は文字通り希望の大地だった。「あの暮らしがずっと続けば良かったんだけど」

7 **異国の地で**

追われる不安現実に

「その時のことは思い出さないようにしていたから」。高田千代子は満州（中国東北部）に関する取材で終戦直後の話になると、言葉に詰まることがあった。日本の敗戦で、満州国が13年余りの歴史を閉じてから70年。年月が流れても整理のつかない思いがある。

満州の広大な畑で働く毎日は充実していた。ただ、影がなかったわけではない。父の太七郎がある時「いつ追い出されるか分からん。準備しておかんと」と話すのを聞き、驚いた。「日本を離れ、人の国に来ているという思いがあったのだろう」

・◆・

太七郎の懸念は、最悪の形で現実となった。1945（昭和20）年8月、ソ連参戦。開拓団の過酷な逃避行が始まった。攻撃を避けるため、野宿をしながら山中を進んだ。子どもや高齢者から病気になり、命を落とした。千代子の祖父母も病死した。

秋の収穫作業に励む満蒙開拓団の団員たち＝満州、撮影時期不明

逃げ落ちた奉天（現瀋陽市）では、団員らで手分けをしてたばこを売ったりしながら引き揚げを待った。11月のある日、千代子は、たばこがよく売れたため上機嫌で太七郎に報告した。すると「自分だけ売れて何を喜んどる」と怒られた。褒められると思っていた千代子は腹を立て、夕食も食べず寝てしまった。

太七郎はその晩、病で急死した。千代子がたばこの話をする直前、「団員は皆ソ連に連れて行かれる」という情報が入っていたと、後に母から聞いた。絶望に駆られ、知らずに言葉がきつくなったのだろう。「かわいそうなことを言った。こんな所に連れてきたのは俺だ」。太七郎はそうつぶやいて横になると、そのまま帰らぬ人となった。

父の無念を思い、千代子は仏前に座ると心の中で伝える。「父ちゃんが丈夫に育ててくれたから、生き延びられたんだよ」

◆

満州とはどんな存在だったのか、千代子に問い掛けてみた。

「引き揚げ後は正直話したくなかった。私たちが負けたわけではなく、国が、時代が負けたのだけど。でも、今は満州のことを伝えんなんと思う。敗戦からみんな頑張って、こんな良い国をつくったのだから」

千代子の答えは、親友を満州で亡くした元教諭、古岡英明が語った言葉を思い起こさせた。

「私たちは惨めな世代かもしれないが、二度とあんな時代にすまいと汗みどろになって生きてきた。今の日本は、戦争を認めかねない嫌な空気を感じる。『戻ってくれるな』と願わずにいられない。人の希望が、大きな力にねじ曲げられる社会にしてはならない」

第2章　少女たちの前夜

1 絵文集の記憶

悲劇の前の穏やかさ

１９４１（昭和16）年12月8日の真珠湾攻撃による太平洋戦争開戦まで、富山はどのような空気に覆われ、人々はどう暮らしていたのだろう。戦前編の第2章「少女たちの前夜」では絵文集を手掛かりに、かつての少女たちの記憶をたぐり寄せてみたい。（柳田伍絵）

おにぎりを頬張る少女。母は赤ん坊に乳をやり、父はきせるを吹かす。祖母は馬に優しく話し掛けている。青空の下で家族がくつろぐ様子からは、かつての農村の穏やかな雰囲気が伝わってくる。

「一服」。そう題した絵は、在りし日の春のひとときを描いた。あちこちに見えるピンク色はレンゲソウの花だ。「土が肥えるから昔はよく田んぼに植えとったもんだ」。酒井キミ子（86）＝上市町稗田、旧姓・宮崎＝は、こたつの上に広げた自作の絵文集『戦争していた国のおらが里―記憶の絵文集』（桂書房）を指差しながら、ほほ笑んだ。

中央のおにぎりの少女がキミ子である。

「あの日の空」取材班の一員として、41年に始まった太平洋戦争前の県民の暮らしを取材する中で出会ったのが、この絵文集だった。戦前からの農村の様子を約２８０枚にわたって描き上げてある。

キミ子が制作を始めたのは今から30年近く前だ。昔の暮らしを学ぶ孫娘に、絵を持たせようと思ったのがきっかけだった。眠れない夜、自宅２階の４畳の部屋で独り机に向かった。

「あのころの苦労があるから、今がある。亡くなったばあちゃんたちが、忘れないように残してくれって言っているように思えてね」

一つの質問を投げ掛けると、答えは倍ほどになって返ってくる。思い出の鮮明さに驚くばかりだ。

絵文集で「一服」と題したページ。太平洋戦争前の農村を描いている。中央の幼女が酒井キミ子さん

キミ子が中新川郡音杉村（現・上市町）の音杉尋常小学校に通っていた35〜40年ごろ。田植えは5月半ばに始まり、その前から農家は作業に追われた。

目を覚ますと祖母はいつも、かまどにまきをくべていた。オトト（父）とオカカ（母）は午前5時ごろから、朝ご飯も食べず田んぼで働く。留守を守る祖母は、一つのかまどで家族の食事と馬のハゴ（餌）を用意する。

機械のない時代、馬は貴重な労働力で、家族のように慈しんだ。宮崎家は近所の4軒ほどで1頭を飼っていた。ハゴは前年の秋に集めた「しいな」と水を一斗缶で炊いて作る。

しいなは殻ばかりで実のないもみのこと。少し混ぜてある米ぬかの香りが、ほのかに漂ってくる。

祖母は午前9時、おにぎりとミョウガやウリのみそ漬け、馬のハゴを持って田んぼへと向かう。そんな祖母と一緒に並び、キミ子も4歳年下の弟を背負って歩いた。弟に、田んぼで働くオカカの乳を飲ませるためだ。そして、朝食代わりの「中食《なかま》」が一家のおなかを満たす。冒頭の絵はその様子だ。

祖母とキミ子が中食を運ぶ絵もある。2人が見つめ合う姿がほほ笑ましく、着物の柄まで細かく描き込んでいる。「本当はこんな赤くないちゃ。きれいに見せるために、ちょっとだけ鮮やかに塗ったが」。キミ子はおちゃめな笑みをこぼした。

◆

田畑での作業、子どもたちの笑顔…。絵文集からは、富山の一般的な農村の暮らしぶりが伝わってくる。だが、ページをめくるうちに疑問を感じた。キミ子が尋常小学校に通ったころは、

絵文集を持つキミ子さん
＝上市町稗田の自宅

37年7月7日に勃発した日中戦争の真っ最中だ。

翌38年には国家総動員法が制定され、政府は議会の承認が無くても戦争に国民を駆り出す権限を持った。40年にはぜいたく品の製造販売が禁止され、マッチや砂糖などの消費を制限する切符制が敷かれたという。

しかし、日々の生活を覆っていたはずの息苦しさが、戦前の絵にはほとんど影を落としていない。キミ子は淡々と説明する。

「子どもやから分からんこともあったけど、周りのみんなは戦争を当たり前のように受け止めとった。神風が吹くし、勝利、勝利と言っていたしね。政府も『日本は神国』と言っていたし。全く怖くなかった」

2 暮らしの統制

県報「ぜいたく控えよ」

1937(昭和12)年7月7日。北京郊外の盧溝橋《ろこうきょう》近くで起きた発砲をきっかけに、日本軍と中国軍との戦闘が始まった。両国とも宣戦布告しないまま戦争に突入し、戦火は中国各地に広がる。宣戦布告すると中立国から物資が獲得できないため、日本政府は戦争と称さず「北支事変」「支那事変」などとした。

報道もならった。「支那事変の経過　戦意喪失するまで断じて鉾《ほこ》を納めぬ」。北陸タイムス(北日本新聞の前身)の9月6日付朝刊の見出しだ。絵文集『戦争していた国のおらが里』の作者、酒井キミ子は今も「日中戦争」ではなく「支那事変」と記憶している。

政府は38年、国家総動員法を公布した。富山県は県報の号外を出し、当時の矢野兼三知事が県民に協力を求める文書を載せた。買いだめや買い占めを「非国民的行為」とし、冠婚葬祭の簡略化、中元歳暮の贈答の廃止、宴席の自制などぜいたくを控えろとの内容だった。

太平洋戦争前も生活が厳しく制限され、暗い時代だったのではないか—。そう想像して90代や80代後半の人たちに話を聞いても、そんな答えはほとんど返ってこない。キミ子も言う。

「あのころはご飯も食べられたし、攻撃もされなかったからね」

郷土の近現代史を研究する須山盛彰（80）＝富山市呉羽町＝にも尋ねた。富山に物資が少なくなり、手に入れにくくなったのは太平洋戦争中の43年ごろから戦後の50年ごろまでだったという。食べ物で言えば終戦の45年夏ごろから、翌年の秋にかけてが最もひどかった。

「35年生まれの僕は、祖父から天神さまもランドセルも立派な品を買ってもらった。ところが38年生まれの妹は、おひなさまが無くてね。ランドセルも粗末だった。祖父は妹が不びんでなら

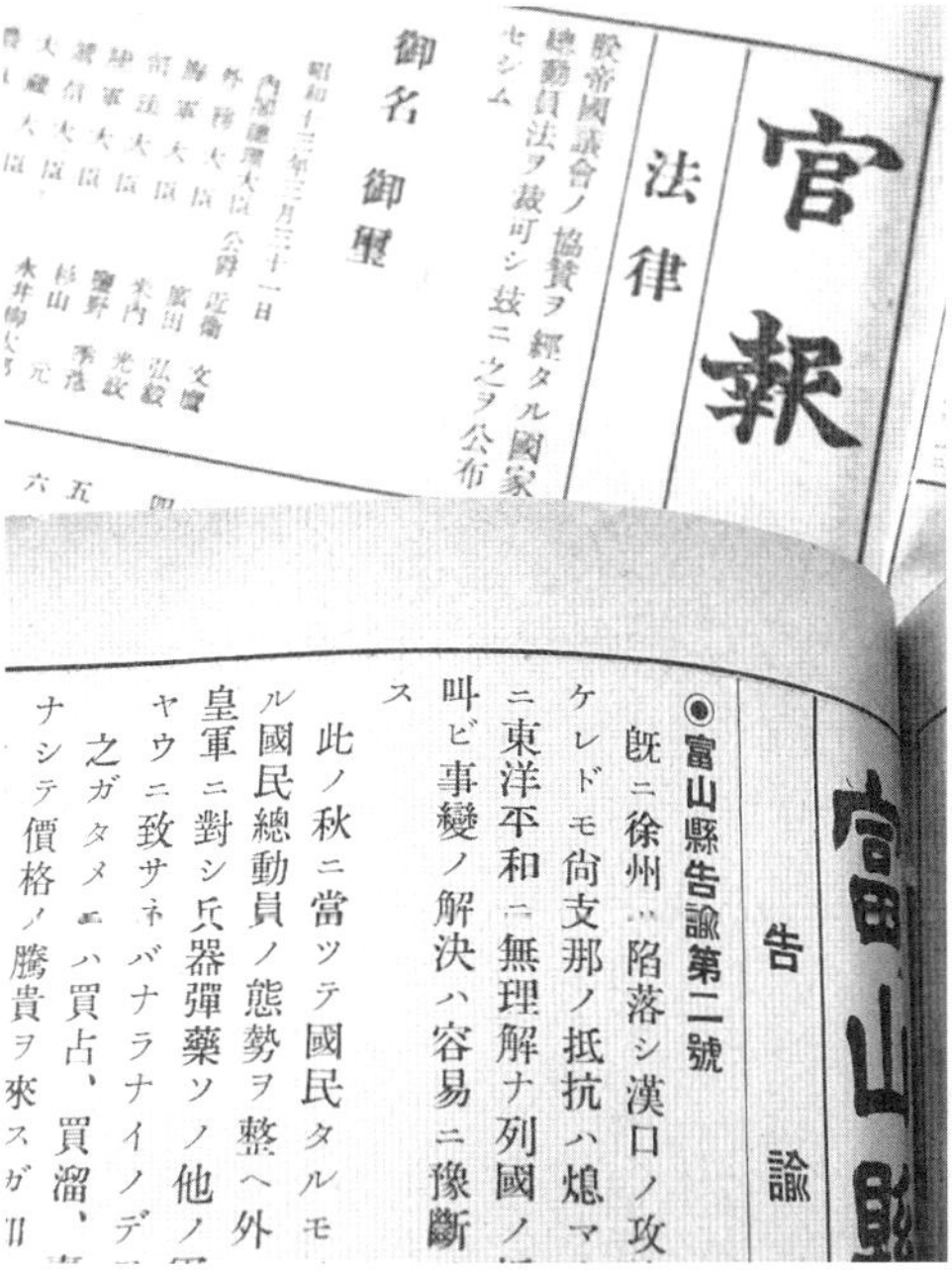

県民に協力を求める知事の文書（手前）と、国家総動員法の公布を伝える官報。共に1938年の文書だ（県公文書館所蔵）

ないと言っていた」

須山は都会の方が早く統制が徹底され、地方に及ぶまでは時間差があったと推測する。さらに、本格的に食料や武器など、全てを戦争につぎ込まなければならなかったのは、太平洋戦争後期だと指摘し、「その頃になって、統制が県内の生活に色濃く影響を及ぼし始めた」。


キミ子にしても日本が焦土と化し、ひもじさが常態化していた太平洋戦争末期からの記憶は、鮮烈に脳裏に刻まれている。絵文集の最後の章「『非常時』が村にもやってきた」は、戦争にまつわる絵を描いているが、ほとんどが41年に始まった太平洋戦争中の体験だ。それだけに戦前に見た村や家族の日常は、いっそう穏やかに映ったのだろう。

絵文集にはおにぎりや餅などが随所で描かれ、当時の暮らしぶりがうかがえる。行政が統制を呼び掛けても、県内では少女らの生活にすぐには影を落とさなかったが、精神面では、国民の心を一つにする国家主義的な施策に力が入れられていく。

幼かったキミ子の耳にも、忍び寄る戦争の足音が、かすかに届き始めていた。

3 「お手伝い」

勤労奉仕 戦争支援に

「勤労奉仕」と題した絵がある。酒井キミ子が尋常小学校の6年生だったころの暮らしを回顧した1枚で、1940（昭和15）年の秋の一日を描いた。絵文集『戦争していた国のおらが里』に収録されている。

収穫した稲を天日干しで乾燥させる「はさがけ」のため、8人の子どもたちが稲の束を運ぶ。「お前、男らしく肩でかつげよ。男だろうが」。男の子同士で言い合うせりふもある。

キミ子は同級生60人と学校を出発し、20分ほど歩いて、ある家に向かった。日中戦争の徴兵によって男手をなくし、女性だけで暮らす農家だった。みんなで刈り取った稲を運ぶ手伝いをしたが、子どもだけに抱えられる量はごくわずか。「お手伝いと言っても、迷惑だったんじゃないかね」と振り返る。

政府は37年、国民から戦争への協力を引き出すため、「国民精神総動員運動」を始めた。その一つが毎月1日の「興亜《こうあ》奉公日」だ。ぜいたくをやめて勤労に励み、節約し、戦地を思いやる日とされた。兵舎の清掃や道路の修理など、さまざまな勤労奉仕が全国各地で行われた。キミ子に「興亜奉公日」について尋ねてみたが、覚えていないと言う。だが、現代のボランティアとは違い、キミ子が体験した「お手伝い」は、少女たちが勤労奉仕という名のもとに、銃後で戦争を支えることにつながっていた。時は真珠湾攻撃の1年前の秋。富山の農村にも、戦争の足音が確実に近づいてきていた。

取材を重ねるうち、キミ子が歌を口ずさみ始めた。

肩をならべて　兄さんと
今日も学校へ　いけるのは
兵隊さんの　おかげです
お国のために　お国のために
戦った
兵隊さんの　おかげです

「勤労奉仕」と題した絵。子どもたちが稲刈りのお手伝いに励んでいる

小学校や帰り道、自宅や遊び場まで、至るところで子どもたちが歌っていたという。タイトルは「兵隊さんよありがとう」。ある全国紙が38年に「皇軍将士に感謝の歌」として歌詞を公募し、その後、レコードが発売された。大正から昭和前期までは戦争の無い平和な時代を象徴するかのように、軍歌はほとんど作られなかったが、日中戦争に伴って次々と生み出されていった。

キミ子の生家、宮崎家にはラジオは無く、新聞もとっていなかった。大人たちが語る言葉からは、遠い中国大陸で繰り広げられる戦場の悲惨さはほとんど伝わってこなかった。むしろ、気持ちをあおるような、勢いのある音楽に引き込まれる自分がいた。

キミ子は振り返る。「兵隊さんを尊敬する気持ちが、自然と身に付いていったわ。今でいうマインドコントロールやちゃ」

彼女と同じように農村で暮らし、兵役に就く兄を見送ったという、かつての少女に会いに行った。絵文集を抱えて。

④兄の出征

怒る父　母は目に涙

1941（昭和16）年の太平洋戦争開戦までは、一般的に「戦前」と言われるが、日本は終わりが見えない中国との泥沼の戦いに陥っていた。その頃、兵隊として満州（中国東北部）に渡る兄を見送った少女がいた。平島富美子（88）＝高岡市石塚、旧姓・武内＝だ。

昔を思い出してもらおうと、絵文集『戦争していた国のおらが里』を見せた。ページをめくりながら懐かしそうにうなずく。絵文集の作者、酒井キミ子と同じ時代に農村で育っただけに親近感がわくのだろう。

富美子は射水郡二塚村（現高岡市）の農家に生まれた。「戦前」で胸に深く刻まれているのは、徴兵検査の結果を知って喜ぶ6歳上の次兄・勇将《ゆうしょう》の姿だった。

身長が170センチ以上あった勇将は、徴兵検査で最も上のランクの「甲種」で合格した。

37年のことだ。検査は身長や視力などを基に5段階で評価し、上から三つの甲・乙・丙《へい》が合格ラインとされた。甲種合格は本人はもちろん、家族にも名誉なことだった。

兵役の対象は満20歳だが、学校を卒業したばかりの17歳の勇将は自ら軍隊に入る道を選んだ。県内では37年から、人材発掘を目的に、志願兵の活躍を描いた映画が上映されるようになった。勇将が戦地に思いをはせた時期とちょうど重なる。

「あの頃は自分から兵隊になる人なんか、ほとんどおらんだけど、ゆうちゃんは素直な性格だったから、憧れとったんじゃないかね。満州に行くのもはやっていたし」

喜ぶ勇将に対し、父の表情は厳しかった。徴兵検査を両親に告げていなかったからだ。同じ年に甲種合格した20歳の長兄も近衛兵になって故郷を離れるため、父は「2人とも行くとは」と怒りをあらわにした。農家に男手が無くなるのは痛手だし、息子を手放す寂しさもあったは

出征の様子を描いた絵文集のページを開きながら戦前の思い出を語る富美子さん＝高岡市石塚の自宅

ずだ。勇将が志願を伝えなかったのは、父の気持ちを見透かしていたからかもしれない。

キミ子の絵文集にも、出征する兵士を送り出す一こまが描かれている。富美子は絵を見ながら、38年2月、勇将が高岡駅から満州に旅立った日を思い出す。兄は「武運長久」と書いたのぼりを手に汽車の窓から身を乗り出し、見送った母の目には涙が浮かんでいた。父はいなかった。「子どもが行きたいというのに、反対もできないでしょう。悲しくて見送れなかったんじゃないかね」

富美子も寂しかった。だが、日中戦争時の記憶はさほど暗くない。上海や南京などの陥落を聞くたびに、勝利を祝う旗行列に参加したこと。日の丸の旗を手に万歳を繰り返したこと。日本軍が勝ち続けていると心強く感じていたからだ。

3人の子を育てた富美子は静かに振り返る。「今だったら、息子が行くって言ったら絶対に止める。太平洋戦争の残酷さを知っているから」。勇将は46年、南方の戦地から戻ったが、亡くなるまで多くを語ろうとしなかったという。

5 芝居や雑誌

楽しみの中 戦意高揚

太平洋戦争開戦前の街なかの暮らしを知る女性に話を聞きたいと思い、富山市中心部の向川原町周辺で生まれ育った、遠藤和子(90)＝同市千歳町、旧姓永井＝を訪ねた。

戦前は10代の少女。小学校の教諭を経て作家となり、佐々成政や日中国交正常化に尽くした政治家・松村謙三、家庭薬配置業など、多彩なテーマでふるさとの歩みを書き続けてきた。

その和子に、農村の生活を描いた酒井キミ子の絵文集『戦争していた国のおらが里』を見せた。和子は「暮らしの風景が私とは違う」と言いながらも、子どもたちが遊ぶ様子を描いたページに手を止め、表情を緩ませた。

縄跳びや通りゃんせ…。「よく遊んだものばかり。子どもの遊びって、農村も街も関係ないのね」。キミ子と過ごした場所は違っても、同じ時代の空気を感じていた。

自宅の向かいには芝居小屋があり、上演がないときは劇場が遊び場だった。子役の助っ人を頼まれて舞台の花道を歩いたことや、楽屋に漂うおしろいの香りは今も覚えている。「大衆文化が花開き、それが当たり前のものだと、子どもも感じていたように思う。文化的にも精神的にも豊かだった」。富山、高岡両市のほかにも、映画館を兼ねた劇場や映画館などが建ち並び、それぞれが繁盛していた。

和子が何よりも楽しみにしていたのは雑誌や本を読むことだった。戦争にまつわる話もあった。『爆弾三勇士（肉弾三勇士）』だ。1932（昭和7）年の上海事変で、爆弾を抱えた3人の兵士が敵陣を突破して、自爆したことを美談として描く。

「痛快でね。私は女だから憧れることはなかったけれど、男の子は違ったかもしれない」と和子。子どもたちの楽しみの中にも、戦意高揚に向けた思想が潜んでいった。

戦前の新聞を眺め、当時の雰囲気を思い出す和子さん
＝富山市千歳町の自宅

実家の永井家は野菜の種を売る商売をしていたが、母は「（昭和初期の）恐慌のころはつらかった」が口癖だった。苦しい時代を過ぎ、30年代半ばには、6階建ての百貨店や新しい県庁、富山電気ビルができるなど、街なかは変わっていった。「恐慌を乗り越え、新しい世界に旅立つ雰囲気に満ちていた」。和子は目を細め、そう振り返る。

新しい世界――。その言葉を表すように35年12月13日、社団法人日本放送協会（現在のNHK）富山放送局が神通川の廃川地に開局し、ラジオ放送がスタートした。北陸タイムス（北日本新聞の前身）は開局を「最新設備　地方局のナンバーワン」と華々しく伝えた。

大衆文化の発展に欠かせなかったのがメディアだ。活字媒体の新聞や出版物に加えて、音声をリアルタイムで伝えるラジオが登場し、人々の心をとらえるようになった。開局の日は、県内の小学校の子どもたちによる童謡や唱歌がラジオから流れた。

真新しい富山の放送局で歌った、という女性に出会った。

6 ラジオの普及

番組ににじむ戦時色

「ごきげんよう、さようなら」。テレビから聞こえたフレーズが、記憶を呼び覚ました。高岡市の街なかで少女時代を過ごした蓮沼章《しょう》（87）＝富山市総曲輪、旧姓・正村＝は、その話題が楽しくてならないといった表情で語り始めた。

２０１４（平成26）年春から半年にわたって放送されたＮＨＫの連続テレビ小説「花子とアン」は、『赤毛のアン』を翻訳した村岡花子（１８９３―１９６８年）がモデルだ。そのせりふを遠い昔、実家のラジオで何度も聞いたという。

「章」という名は珍しく、友達や周りの大人たちは「章子《しょうこ》」とも呼んだ。幼稚園の名簿には「章子」とある。くしくも本名が「はな」の村岡が、モダンな響きにひかれて「花子」と名乗ったことに重なる。

章は定塚尋常小学校に通っていたころ、高岡古城公園でよく遊んだ。夕刻になると母が呼びに来る。午後6時20分からラジオで「子供の新聞」が始まるからだ。章のお気に入りの子ども向けニュース番組だった。

「全国のお小さい方々、ごきげんよう」「ごきげんよう、さようなら」。声の主が村岡花子だった。語られた内容はほとんど覚えていないというが、「あの声が今も頭に残っている。本当に懐かしい」。

ラジオの思い出を振り返る章さん
＝富山市総曲輪の自宅

章にはラジオにまつわる別の思い出深いエピソードがある。

1935（昭和10）年12月13日、社団法人日本放送協会（現在のNHK）の富山放送局が開局した。記念番組に小学校の仲間と出演し、歌ったのだという。「記憶はおぼろげですが、開局の時に歌ったのは確かです。鉛筆ももらいました」

ラジオは戦前の家庭に娯楽やいこいをもたらした。40年1月21日付の高岡新聞（北日本新聞の前身）夕刊の番組欄を見ると、「子供の新聞」やアコーディオン合奏、合唱などの番組

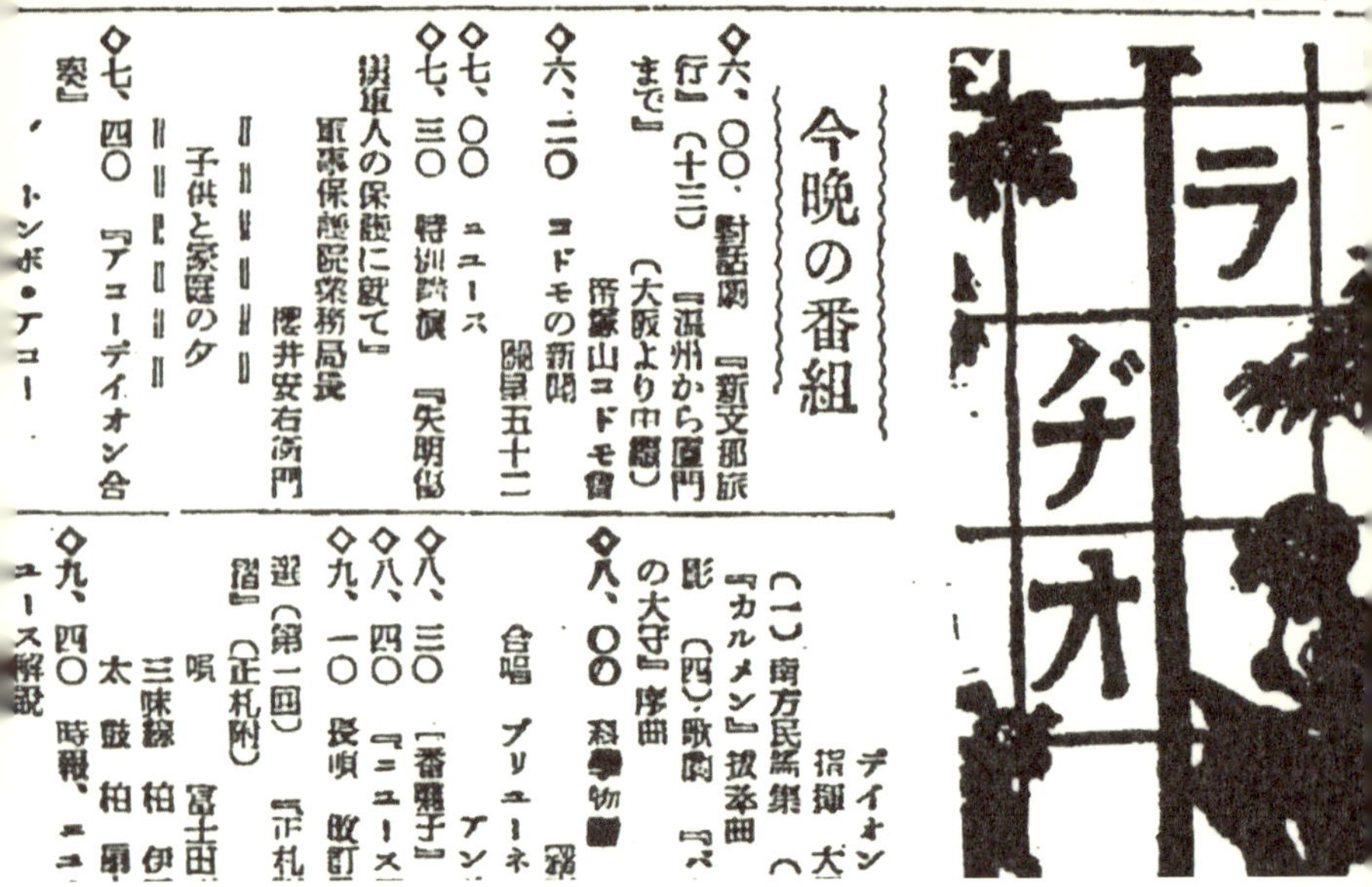
ラヂオ

今晩の番組

◇六、〇〇、對話劇『新支那旅行』（十三）『滿州から廈門まで』（大阪より中繼）所澤山コドモ會
◇六、二〇 コドモの新聞 關屋五十二
◇七、〇〇 ニユース
◇七、三〇 特別講演『失明傷痍軍人の保護に就て』軍事保護院業務局長 櫻井安右衛門
＝＝＝＝＝＝ 子供と家庭の夕 ＝＝＝＝＝＝
◇七、四〇『アコーデイオン合奏』トンボ・アコーデイオン 指揮 大…
（一）南方民謡集 へ…『カルメン』拔萃曲 …（四）、歌劇『バ…の大守』序曲
◇八、〇〇 科學物語 …
合唱 ブリユーネ アン…
◇八、三〇『番頭子』…
◇八、四〇『ニユース…
◇九、一〇 長唄 『正札附…』（第一回）『正札附』唄 富士田… 三味線 柏伊… 太鼓 柏扇…
◇九、四〇 時報、ニユース解説

1940年1月21日付の高岡新聞夕刊の番組欄

が掲載されている。一方、「失明傷痍《しょうい》軍人の保護に就《つい》て」と題した講演もある。他の日には「経済統制下の事業会計」「戦時国民生活からの教訓」といった番組も並んでいた。

富山放送局開局をきっかけに県内でもラジオが普及。一方、日中戦争が始まってから新聞やラジオのニュースは戦争の意義や中国の事情を報じ、国民を戦争に引き込むのに一役買った。

◆

慣れ親しんだラジオで、章は日本軍のアメリカへの攻撃を知った。41年12月8日のことだった。

7 米英との開戦

「大変なこと」と直感

1941（昭和16）年12月8日、日本は運命の日を迎えた。午前3時19分（日本時間）、海軍の機動部隊がハワイ・オアフ島の真珠湾に浮かぶ米太平洋艦隊を奇襲。中国との泥沼化した戦争を続けながら、米国や英国といった大国との戦いに入った。

その日の富山は、晴れたり雨が降ったりする不安定な空模様だった。

午前7時。高岡市宮脇町の実家で眠っていた女学校2年の蓮沼章《しょう》は飛び起きた。ラジオでチャイムが流れたからだ。陸海軍でつくる戦時機関「大本営」の発表だった。

「臨時ニュースを申し上げます」「アメリカ、イギリス軍と戦闘状態に入れり」

太平洋戦争が始まった。興奮していたのだろうか、アナウンサーの声がいつもと違って、うわずっているように聞こえた。「幼かったけど、大変なことが起きたと思いました」

真珠湾
奇襲作戦つゆ知らず
日本の力量《ちから》
信じてやまず
バンザイ
バンザイ
バンザイ
昭和16年12月8日未明決攻
1941年12月8日を描いた絵文集の一こま。キミ子は万歳を繰り返した

横で寝ていた8歳年上の兄も目を覚ました。ニュースを聞き、「ついにやったな」と興奮した様子だった。

東京の大学に通っていた兄は不穏な世界情勢を知っていたはずだ。「ついにやったな」という言葉をどんな思いで発したのか、その戦争で兄を失った今となっては分からない。

開戦をきっかけに、章が好きだったラジオ番組「子供の新聞」も変わった。キリスト教系の学校で学んだ翻訳家、村岡花子が、軍部の干渉に耐えかねて番組を降りたからだ。

◆

正午。ラジオで米英両国に対する「宣戦の詔書」が読み上げられた。臨時ニュースは繰り返され、絵文集『戦争していた国のおらが里』の作者、酒井キミ子も学校のラジオで耳にしたという。

絵文集には無邪気に喜ぶ幼い自分を描いた。絵の中の少女は、予想もしなかった攻撃が成功したと知り、「バンザイ、バンザイ」と繰り返す。「うれしくてたまらなかった」と振り返るキミ子。怖くはなかった。日本の軍事力を信じていたからだ。

出征する兄を高岡駅で見送った射水郡二塚村（現高岡市）の平島富美子は開戦を自宅のラジオで聞き、「大変なことになった」と直感した。本や雑誌が好きだった遠藤和子が通う女学校は、宣戦布告の話題で持ちきりだった。ただ、先生の顔は青ざめていた。

戦争の影が忍び寄りつつも、保たれていた穏やかさは終わりを告げた。4人の少女たちは誰一人、あんなに苦しくて悲しい日々が待ち受けているとは、思いもしなかった。

第3章　議会人の苦悩

1血染めの畳

政党政治終焉　物語る

戦前編の第3章「議会人の苦悩」は、軍部が台頭する中、平和や政党政治の存続を模索した富山ゆかりの政治家たちの姿をたどる。（室　利枝）

額に収められた30センチ四方ほどの畳は、目を凝らすと、褐色の染みがうっすら残っている。1932（昭和7）年、時の総理大臣、犬養毅が青年将校に射殺された五・一五事件。凶弾に倒れた犬養の血が染み付いたと伝わる畳が、目の前にあった。

「話せば分かる」。たしなめる老首相を、血気にはやる将校らは「問答無用」と言って撃ち抜いたという。ここで大正末から続いた政党政治は終焉《しゅうえん》を迎え、次に首相の座に就いたのは海軍大将である斎藤実《まこと》だった。

以後、敗戦まで、政党の党首が首相を務める内閣が復活することはなく、軍の意向が言論や政治の上に君臨する不穏な空気が色濃くなっていく。小さな畳は、日本が軍国主義へと向かう転機となった事件の遺物だった。

◆

血染めの畳が富山にあるのは、明治生まれのある衆院議員がいたからだ。富山市千石町出身の髙見之通《ゆきみち》（１８８０～１９６２年）。平和を願って自ら呉羽山の山頂近くの同市北代に、観音像を建立し、その台座に畳をまつった。岡山市にある犬養の記念館などに記録は残っていないが、髙見家では代々語り継がれている存在だ。

傷みが激しく大部分は失われたものの、一部は額に入れられ、いまも北代に住む子孫が保管する。「それだけ犬養さんに対する思い入れが強かったんでしょうね」。孫の髙見之興《ゆきおき》（69）＝千石町＝は、畳をもらい受けた祖父の心情を推し量る。

髙見は東京帝大の学生だったころ、藩閥政治打倒を目指す憲政擁護運動の旗手だった尾崎

犬養毅の血が付いたと伝わる畳を手にする髙見之興さん。元は庭の観音像（右奥）の台座にまつられていた＝富山市北代

行雄と出会い、政治を志す。17（大正6）年、37歳の若さで衆院選の県内選挙区（市部）で初当選。以後7回当選し、24年8カ月在職した。敬愛する尾崎を介して犬養とも知り合った。尾崎と並び「憲政の神様」と呼ばれた犬養は、一貫して政党政治、議会政治の確立に尽力。首相就任後は、関東軍が独断で建国を宣言した満州国の承認を拒んだ。こうした姿勢が暗殺の標的となった理由の一つともいわれる。

「じいさんは昔から仏教の信仰があつかった。それで犬養の平和主義にも、ずいぶん心酔したようです」。之興は「髙見之通先生追憶」と表題のついた記念誌を差し出した。髙見の死後、富山城址公園に胸像が建立された際、関係者によってまとめられたという。

冊子には、髙見が犬養に傾倒していたことを伝えるエピソードがあった。犬養総裁の立憲政友会が、富山市で演説会を開いた時のこと。演壇に立った髙見は突如演説を中断し、犬養のそばに行き満座の聴衆に叫んだ。「この翁《おやじ》を是非総理大臣にして国家の繁栄と世界の平和をはからねばならぬ。諸君覚悟せよ」

言葉通り、犬養内閣が成立した後は、首相の身の危険を感じ、

富山城址公園にある髙見之通の胸像＝富山市本丸

厄よけの願をかけるために神社仏閣を巡ったという。そんなエピソードを聞くと、犬養を失った高見がなぜ畳を手元に置いたのか、分かる気がした。

・ ・

犬養の死後、日本は満州国を承認。これを認めない国際連盟から脱退し、国際的孤立を深め、太平洋戦争に突き進んでいく。不二越創業者の故井村荒喜《こうき》が記念誌に寄せた文章には、当時の高見の苦悩が垣間見える一文がある。軍部暴走を憂う高見に、井村が「議会がなぜそれを阻止できないのか」と反問すると、「先生はうなだれて、そういわれると一言もないのだがと憮然《ぶぜん》とされた」。

一方で高見は反戦の姿勢を貫こうと努力する。日米開戦の半年前の41（昭和16）年5月には平和使節団として渡米。宗教を通した外交で戦争を回避しようと試みた。

こうした行動は、軍の反感を買う。之興によると、自宅の周囲は憲兵の監視の目が光り、暗殺を恐れる家族は、物音一つにもびくびくしていたという。「戦争に向けて『行け行け』の時代に戦争反対を訴えたんだから、国賊みたいな扱いですよね」

2 満州某重大事件

軍部暴走 目の当たり

1928（昭和3）年6月4日早朝の中国・奉天（現在の瀋陽）郊外。北京発の特別列車が鉄橋（ガード）をくぐった瞬間、大爆音が響き渡った。列車に乗っていたのは満州の統治者、張作霖《ちょうさくりん》。瀕死の重傷を負った張は、まもなく息を引き取った。

満州某重大事件――。後にそう呼ばれる事故の発生直後、日本の国会議員6人が偶然、現場を通りかかっていた。その中には福光町（現南砺市）出身の衆院議員、松村謙三（1883～1971年）の姿もあった。

戦後の農地改革を実行し、日中国交正常化に生涯をささげた松村。事件当時、野党・立憲民政党の中国視察団員として、青島から長春へ向かう途上だった。戦後、北日本新聞で連載した松村の回顧談を基に出版された『三代回顧録』に、事件にまつわる証言が残っている。

鉄道が不通となり下車を求められた一行は、鉄橋まで駆け付けた。松村は現場の様子を「大きなガードが三丁ほど先に吹き飛ばされている。その下には張作霖の乗っていた客車はペシャンコにつぶれている。張作霖の生死もつまびらかでない」（原文のまま）と語っている。

張作霖が乗った列車が爆破された現場。直後に松村も訪れた＝1928年6月4日

張は蒋介石《しょうかいせき》率いる北伐軍との戦いに敗れ、北京から本拠地の奉天に帰還する途中で列車ごと爆殺された。北伐軍の犯行と見せかけ、満州の直接支配を狙った日本の関東軍の謀略だったが、事件の全容は戦後の東京裁判まで明かされなかった。

日本の新聞は、その日のうちに事件を伝えた。北日本新聞の前身「北陸タイムス」も6月4日夕刊で、「支那側はこれを日本の行為なりと宣伝」しているが、憲兵隊の調査で「便衣隊（民間人に偽装した兵士）の行為と判明」したと報道。射殺した便衣隊から北伐軍との往復文書を押収した、とも伝えている。

しかし、現地にいた松村らが見た事件の真相は、違ったものだった。一行が総領事館を訪ねると、興奮した林久治郎総領事から「ひどいことだぞ、陸軍の連中がやったんだ。これは容易ならんことになる」と聞かされる。さらに、現場から近くの日本兵の監視所まで、爆破用の電線が残されていたなど、関東軍の関与を示す証拠を集めて帰国。浜口雄幸総裁に報告した。

松村謙三

松村らの調査報告にもかかわらず、事件はうやむやにされ、首謀者の処分も軽いものにとどまった。中国近代史を研究する富山大人文学部教授の澁谷由里（47）は、その理由を「うかつに公にすれば外交上の大問題になる。国家元首である天皇の責任にもかかわる重大事件だった」と説明。軍の独断と政府の黙認――。これが軍の専行をますます強め、後の満州事変、日中開戦につながったとみる。

『三代回顧録』の事件にまつわる章も、こう締めくくられる。「いずれにしても軍が統制をかき、虎を野に放つようになった端緒はこのようにしてひらかれたのである」。松村が目撃した軍部暴走は、彼ら議会人の苦悩の時代の、始まりを告げるものだった。

3 翼賛の嵐

解党に最後まで抵抗

大政翼賛へ力強く発足―。1940(昭和15)年12月14日付の北日本新聞夕刊は、富山市内で行われた大政翼賛会の県支部の発会式を1面で報じた。日米開戦の約1年前のことだ。翼賛会は全体主義を象徴する組織として悪名高い。しかし、当時は「バスに乗り遅れるな」というスローガンの下、政治家自らが政党を解消し、翼賛会に次々と合流した。そこに最後まで抵抗したのが、松村謙三ら立憲民政党だった。

松村の『三代回顧録』は二・二六事件があった36(昭和11)年から、敗戦色が濃厚になる43年秋までが空白だ。翼賛会成立も含まれる。その理由を知ろうと、日本政治外交史が専門で松村に詳しい、大東文化大教授の武田知己(44)を訪ねた。「議会政治の確立を信念とした松村にとっては相当、苦しい時代だったと思いますね」

松村は、報知新聞記者や県議を経て28年、当時の富山2区で衆院議員に初当選した。29年の浜口雄幸内閣で町田忠治農相の秘書官になってからは、町田を政治の師と仰ぎ、行動を共にする。町田総裁の下で38年には党政務調査会長に就くなど、政治家として力を付けていく。

大政翼賛会県支部の発会式を伝える北日本新聞（左）。右は解党の意志を示さない民政党を批判した記事

翼賛会は、国民的人気のあった公家出身の政治家、近衛文麿が先頭に立った「新体制運動」の結果、生み出された。当時、欧州を席巻していたナチス・ドイツのように、一つの党が強力に国を引っ張る体制をつくり、戦争遂行を目指す運動だ。

官僚、政治家、軍、それぞれが近衛の「新体制」に飛びついた。深刻な農村不況や日中戦争の泥沼化など、社会全体が行き詰まる中、国民の既成政党への不信も高まっていた。「かつての政権交代の前みたいなものですよ」。武田は当時の空気を、２００９年に政治主導を掲げる民主党が、衆院選で自民党に圧勝した雰囲気に重ねる。

民政党総裁の町田は、中身の見えない「新体制」に懐疑的だった。一方、党内は揺れた。松村が先輩と慕った衆院議員をはじめ、約40人が脱党し、翼賛会に合流。武田によると、松村にも「今の政党は国民の信頼に応えていない」という危機感はあったが、先輩議員に同調しなかった。「松村には、自分たちが議会政治を守る『最後の砦《とりで》』という意識があった」と推測する。

40年6月24日に近衛が「新体制運動」の声明を発表して、わずか1カ月余りで、社会大衆党、政友会などが次々と解散した。

当時の新聞を見ると、解党に抵抗する町田や松村らには、厳しい視線が向けられていた。8月4日の北日本新聞は「旧体制に恋々たる民政党支部の態度」「時局の明察を欠く」と痛烈に批判。その3日後には、民政党県議や市議が支部幹部に対し「速やかな解党と反省自覚」を求めた、と報道。地方議員からも突き上げられたことが分かる。

吹き荒れる翼賛の嵐の中、民政党も8月15日、解党に踏み切った。明治以来半世紀にわたる政党の歴史が幕を下ろした。

軍国批判し会派結成

一つの組織が国を強力に引っ張る翼賛体制に抵抗したのは、立憲民政党の松村謙三ばかりではなかった。

大政翼賛会や軍国主義に反対する尾崎行雄や、立憲政友会の鳩山一郎ら議員有志37人が1941（昭和16）年11月、院内会派「同交会」を結成した。そこに滑川市出身の衆院議員、石坂豊一《とよかず》（1874〜1970年）も名を連ねた。

石坂は、神戸税関や富山県庁、樺太庁などに勤務。初の本格的な政党内閣をつくった政友会の原敬総裁の勧めで、当時の富山3区から衆院選に出馬し、24（大正13）年に50歳で初当選した。戦前戦後を通じて衆院議員5期、参院議員を2期務めたほか、44（昭和19）年から2年余り富山市長を務め、富山大空襲後の復興に貢献している。

32年の五・一五事件後に発足した斎藤実内閣では、鳩山文部大臣の下で文部参与官に就任。

以後、一貫して鳩山と政治行動を共にした。

石坂の業績を紹介する常設展示が、滑川市立博物館（開）にあると聞き、足を運んだ。ケースに並ぶ遺品の中には、鳩山からのはがきもあった。「鳩山の日記にも石坂の来訪が所々に記録されていますよ」。元館長の松井保（77）＝滑川市本江＝が教えてくれた。

松井は中学教諭時代、郷土に関する副読本で石坂の項を執筆。館長だった2001年には「議会政治の歩みと石坂豊一展」を開いた。石坂の生い立ちや業績を丹念に調べた松井は、鳩山と共に同交会に加わった石坂の行動に、政党人としての信念をみる。「国民の考えを反映させるのが議会政治と信じていた。地方官吏としての長い下積みから、地方の人々の実情を身に染みて分かっていたからだ」

石坂は、裁判官となった長男の修一と共に、親子二代の〝反骨の人〟として語られる。

石坂の遺品を前に足跡を語る松井さん
＝滑川市立博物館

1940（昭和15）年10月、東京刑事地方裁判所の裁判長だった修一は、出版法違反に問われた河合栄治郎東京帝大教授を無罪とした。自由主義者の河合は、軍部を批判した著書などが発禁となり、大学からも休職処分とされるなど厳しい思想弾圧を受けていた。判決後、修一は姫路へ左遷されたが、南米視察中だった石坂は船上から祝電を打ち、息子に賛辞を送ったという。

石坂豊一

大政翼賛会を生み出した近衛内閣の崩壊後に発足した東条英機内閣は41（昭和16）年12月、米英に宣戦布告。緒戦の勝利に沸き返る翌42年4月30日に5年ぶりとなる衆院選を行った。

この選挙は「翼賛選挙」と呼ばれる。戦争続行のため、政府は議会を掌握しようと推薦制を導入。軍部や政府寄りの人物を推薦し、国民に投票するよう呼び掛けた。同交会のメンバーは一人として推薦されず、石坂ら非推薦候補には激しい官憲の妨害が繰り広げられた。

「勇敢な人だと思うね」。石坂を、そう評するお年寄りが滑川市にいる。

5 翼賛選挙

特高監視　運動できず

かつて滑川市役所に勤めていた山岸利政（87）＝滑川市柳原＝は、市出身の国会議員、石坂豊一と交流が深かった。「役場に来るとね、助役以下が火鉢を囲んで話を聞いたもんやちゃ」。1942（昭和17）年の翼賛選挙ついて尋ねると、「推薦がなくても選挙に出たがは、立候補の自由を政府が妨害するのに反対だったし、戦争をやめさせたかったからや、と。何べんも聞いたわ」。

大政翼賛会の推薦がないまま、富山1区で出馬した石坂への干渉は過酷だった。政府の指示を受けた県当局は、石坂のおいの赤間徳寿を、推薦候補として対抗馬に擁立。石坂は幼少から仲の良かった赤間と、骨肉の争いを強いられた。

選挙期間中のある朝、石坂が事務所に行くと誰もいない。調べてみると、翼賛会傘下の翼

翼賛選挙の結果を伝える1942年5月1日付の北日本新聞夕刊

賛壮年団の男たちが前夜に事務員の家に押しかけ「非国民の事務員になってはいかん」と脅していた。演説会では壮年団員が、会場に入ろうとする人を次々と追い返した。

事務所は常に特高警察に監視され、思うように運動できないまま落選した。だが、山岸は言う。「自由主義的なことを言ったら警察に引っ張られた時代に、翼賛会に反対して自由を守ろうとした。勇敢な人だと思うね」

県内選挙区は1、2区の定員計6に対し、17人が立候補した。うち推薦候補は定員と同じ6人で、このうち5人が当選。非推薦の11人のうち10人が涙をのんだ。

落選者の中には衆院議長を務めた綿貫民輔（88）の父、佐民《すけたみ》の名前もあった。佐民はこの時、非推薦候補。東京・平河町の事務所で綿貫にそのいきさつなどを尋ねてみたが、「覚えてないですね。そのころ僕は政治に関心ないし」。

ただ、終戦後の46（昭和21）年の衆院選で当選した佐民が公職追放された話を聞かせてくれた。戦時中、井波町翼賛壮年団長を務めたことが理由だった。「名誉職みたいもんだったようで、理不尽だと言ってた。『民輔、おまえは政治なんて絶対やるな』ってね」。佐民は追放解除の直前、失意のまま亡くなった。

非推薦での唯一の当選者が、「血染めの畳」を持っていた富山1区の高見之通《ゆきみち》だ。トップ当選した井村荒喜は後に振り返って記した。「先生（高見）には固い不動の票がある。それがみごとに生きて出た」。孫の高見之興《ゆきおき》は「当時の情勢の中でも、平和を望む祖父を陰で支えてくれる人がいたのだろう」と話す。

全国でも同交会の鳩山一郎、尾崎行雄らが妨害をはねのけて当選。当選者466人のうち非推薦候補は85人だった。一方、大政翼賛会の推薦を受けた当選者には、松村謙三の名前がある。

石坂の追悼集を手にする山岸さん＝滑川市柳原

6 従うも任せず

政党政治の復活模索

立憲民政党の解散に最後まで抵抗した衆院議員の松村謙三は1942(昭和17)年の衆院選で、大政翼賛会の推薦を受けて富山2区でトップ当選を果たす。そして同年、翼賛会の第八(国防体制)委員長という要職に就いた。

翼賛会に入った後は体制にくみしてしまったのか——。

そんな疑問を、松村に詳しい大東文化大教授の武田知己(44)にぶつけると、意外な答えが返ってきた。「確かに松村は戦時体制の要の一人ですが、同時に、民主主義の火を消さないために力を尽くした。政党政治の復活を模索していたんです」

松村は終戦4カ月前の45(昭和20)年4月に、他の国会議員らと共に院内会派「大日本政治会」を立ち上げ、幹事長に就く。武田はこれを〝実質的な政党〟と指摘。「松村の発言がきっかけとなってできた」と言い、ある記事を見せてくれた。

戦時下の44年9月23日付朝日新聞。松村ら国会議員5人の座談会が詳報されている。その中で松村は「国民は政治に結びつく道を持っていない」と、〝上意下達〟の翼賛体制を公然と批判。「結社を許すことが、戦時中恐るべきことのように考えている手合いがいるが、これほど馬鹿なことはない」とも述べ、政党の必要性を訴えた。

大日本政治会は、具体的な成果を挙げる前に終戦を迎えたが、武田は戦後の政党再興につながる存在だったと読み解く。「松村は戦争中も、議会人としての責任を果たそうとした。そういう視点で評価されるべきだ」

松村が戦前・戦中に果たした役割を語る武田教授＝東京都板橋区の大東文化大

戦時中の松村の考えを推察できる本がある。政治行動を共にした民政党総裁の町田忠治の伝記だ。翼賛会での活動を理由に公職追放された松村が50（昭和25）年に執筆した。文中、町田の政治方針を「流れに従って流れに任せず」と記した。もし軍と正面から衝突したら、議会はつぶされ、軍政が敷かれ、終戦の機会は失われ、国は焦土となっていただろう、と。

一方、松村の秘書を経て衆院議員となった田川誠一の著書『松村謙三と中国』には、翼賛会に名を連ねた悔恨の気持ちを、松村が側近に吐露した言葉が残っている。「やむを得ない環境にあったにせよ、一人になっても軍部に抵抗して所信を貫けなかったことは、自分の生涯に汚点を残した」。こうした反省から、55年の保守合同も「翼賛体制と同じ」と最後まで反対した。

武田も戦後の松村の行動に、償いの気持ちをみる。「日本が米国の方を向く中で、中国との国交正常化に尽くした。戦争への悔恨としかいいようがないんじゃないかと思いますね」。領土問題や歴史認識をめぐり、中国との関係が再び緊張しているいまの日本を、泉下の松村はどう見ているだろうか。

綿貫民輔元衆院議長

空襲で下宿焼け出され

――1941（昭和16）年12月の真珠湾攻撃、つまり、日米開戦の知らせを聞いた時の気持ちはどうでしたか。米国を相手とする太平洋戦争に、勝てると思いましたか。

当時は日本中が「勝った勝った」で大喜びでした。ラジオも、新聞も。地元ではちょうちん行列もやったんじゃなかったかなぁ。戦争前、僕は「日本がまだ木造住宅の時代に、エンパイアステートビルなんて高層建築をつくるような国と戦争して、勝てるわけないだろう」とおぼろげに思ってましたよ。それが先制攻撃で、米国の軍艦をやっつけたと聞いて「やったぞ、すげぇな」と思ってましたね。

――太平洋戦争に負けると思った瞬間は、いつですか。

「負ける」なんて非国民になるから、誰も言わないですよ。ただ、僕は昭和19年に東京の大学に入ったんですが、そのうちに東京もどんどん空襲で爆撃され、火の海になって、これは大変だと思いましたね。下宿も焼夷弾《しょうい》で焼け出されました。上京した時に母が持たせてくれた布団が燃えてしまったのが、一番寂しかった。大学の軍事教練の時に、鉄砲を持ちながら「駄目かもしれんな」なんて、友人としゃべっていたのを覚えてますよ。

――太平洋戦争中、最もつらかったことは何ですか。

つらかったことはいろいろありますが、まず物資がなかった。食べ物も衣類もない。特に冬は寒かった。東京の下宿では、支給された食券を持って食堂に行っていました。そこで行列に並んで、すいとんや芋がゆ、芋のつるとかにありつく。そんな時代でしたね。現代からみると、全く惨めな窮乏生活を送っていました。

綿貫民輔（わたぬき・たみすけ）
1927（昭和2）年生まれ。井波小学校、旧制砺波中学校（現砺波高校）を経て、50年慶応大学卒。55年砺波運輸（現トナミ運輸）社長。県議を経て69年旧富山2区（現富山3区）で衆院議員に初当選し、13回連続当選。86年国土庁長官・北海道開発庁長官・沖縄開発庁長官、90年建設相、91年自民党幹事長、2000年衆院議長。05年に国民新党を結党し、代表に就任。1982年から00年まで自民党県連会長。全国治水砂防協会長。03年、神社本庁から神職最高の称号「長老」を贈られた。

――45（昭和20）年8月15日の玉音放送はどこで聞きましたか。そのときの気持ちは。

勤労動員で腰を痛めて井波に帰って休養していましたから、自宅のラジオで聞きました。安《あん》堵《ど》と不安、両方の気持ちでした。『ああ戦争が終わった』という安心感の半面、青い目の進駐軍に、何をされるか分からないという不安でいっぱいでした。

「一強多弱」は不安定

――太平洋戦争から、今の日本が学ぶべきことはどういったものでしょうか。安倍晋三首相は自衛隊の活動範囲拡大や憲法改正に、舵《かじ》を切ろうとしています。

憲法の前文にあるように、戦争に負けた日本は、平和を前提にものを考えている。ところが、現在の状況はみんなが善良な国ばかりではない。攻められても、殴られっぱなしで泣いているなんて馬鹿なことはない。自分から戦争を仕掛けるんじゃないけども、自衛の精神と、現実に対応できる方法を考えていくのは、当然のことだと思います。

――かといって、戦争を肯定するわけではない。

もちろん。日本はハトとタカという言い方があります。自民党も昔はハト派とタカ派があって、バランスを取っていた。一つの政党の中で円満に収める政治の知恵があったんです。最近、そういうのがなくなってきた。ハトとタカが正論を戦わせて、共生できるような国柄をどうつくるか、真剣に考えなきゃいけない。

――いまの政治情勢を、どう見ていますか。

最近は、総理が言えばみんな「はい、はい」って、チェック機能が欠けてきた気がします。

政治の原点は民主主義。それは立ち返ると政党政治です。いまは有識者懇談会や諮問会議と称して、国民の代表ではない人たちで決めた物事を、後から国民に通告するなんて、おかしな話になっている。翼賛政治になりかかっているというか、『一強多弱』という言葉が出てくることが、非常に不安定だと思います。

ものは語る

「のぼり」——兄の出征時に掲げる

入江清さん(80)=朝日町泊

「祈武運長久　入江喜一君」と大きくしたためられている。1942(昭和17)年春、兄の喜一さんが出征する時に掲げられたのぼり(横35センチ、縦120センチ)だ。当時小学生だった入江清さんは、兄が生きて帰ってくると信じていた。

兄は都内の印刷会社で働いていたが、赤紙(召集令状)が届き、いったん実家に戻った。のぼりは勤め先の社長から贈られたもの。家族や近所の人たちで、出征する兄を見送ることになった。

その日の空は青かった。近くの寺に30人余りが集まり、リンゴの木箱の上に軍服姿の兄が立つ。万歳が繰り返されるが、兄は厳しい表情を崩さなかった。まだ、10代後半。入江さんは「青春の真っ盛りだったのに…。つらかっただろう」と心情を思う。

兄からは、はがきがまめに届いた。細かい字で「お国のために働いている。親孝行するように」などと書かれていた。満州(現中国東北部)に赴く際には爪や髪が届いた。形見のつもりだったのだろう。

兄はマラリアにかかり、46(昭和21)年1月、中国の病院で亡くなった。そのことを家族が正式な書類で知ったのは、終戦から4年もたってからだった。「ふるさとを思いながら、苦しんで逝ったのだろう」。入江さんは声を詰まらせた。

のぼりを手にする入江さん。兄を見送った日のことは鮮明に覚えている=朝日町泊

戦中編

第4章　真珠湾の荒鷲

1 帰還せず

日米開戦　県人も出撃

日本軍が米艦隊を奇襲した真珠湾攻撃によって、両国は戦闘状態に入った。攻撃に加わった若者と、残された人たちの姿を追う。

（中谷　厳）

「臨時ニュースを申し上げます。臨時ニュースを申し上げます」

午前7時。時報に続きラジオはチャイムを2度繰り返し、男性アナウンサーのこわばったような声を流した。

「大本営陸海軍部、12月8日午前6時発表。帝国陸海軍は今《こん》8日未明、西太平洋においてアメリカ、イギリス軍と戦闘状態に入《い》れり」

約3時間半前、空母6隻からなる日本海軍連合艦隊機動部隊が、米国ハワイのオアフ島にいた米国太平洋艦隊に奇襲を仕掛けていた。1941（昭和16）年12月8日朝の第1回大本営発表が、日米の戦端を開く真珠湾攻撃を伝えた。

その日、富山は晴れたり雨が降ったりする不安定な空模様だった。富山市では愛国婦人会のメンバーや国民学校の子どもたちが護国神社に向かい、戦勝を祈願した。富山署では署長が治安維持に万全を期すよう全署員に訓示した。

高岡市では「米英撃滅」を合言葉に大会が開かれたほか、市民が次々と神社に祈願に向かったため、映画館や百貨店は閑散としたという。

日本軍のハワイ真珠湾攻撃で、炎上して沈む米戦艦（ロイター＝共同）

魚津町（現魚津市）では街を行き交う人が足を止め、店頭のラジオに聞き入った。
ただ、ハワイで若い富山県人が散っていたことは誰一人知らなかった。

・◆・

米国は世界最大の産油国で、日本は輸入の８割以上を依存していた。日中戦争の拡大を受け、中国を支援していた米国は日本を締め上げ始め、石油などの資源の輸出を制限した。資源の乏しい日本にとって燃料不足は死活問題だ。石油獲得などのため41年７月に東南アジアに進軍すると、米国は石油禁輸に踏み切った。日米間の緊張が高まる中、戦争回避に向けた交渉が重ねられたが、ハル米国務長官が11月末、中国からの撤兵など満州事変以前の日本に戻れとする提案（ハル・ノート）を示す。最後通告も同然だった。

日本は既に12月初めを武力発動の期限とし、秘かに機動部隊をハワイに出撃させていた。強大な米国の力を熟知していた連合艦隊の山本五十六司令長官は、開戦直後に大打撃を与え、早期講和に持ち込むことを狙った。12月１日に開戦が決まり、機動部隊に「８日開戦」が伝えられた。

日本時間８日午前３時すぎ、ハワイ沖に着いた機動部隊から航空機３５０機が飛び立ち、真珠湾の米艦隊に魚雷や爆撃を2時間にわたって浴びせた。米側は戦艦8隻、航空機200機余りを失い、死傷者は3700人を超えるなど大損害を受けた。

一方、日本側の損失は航空機29機と搭乗員54人、特殊潜航艇5隻と隊員9人だった。

7カ月後の42（昭和17）年7月7日、海軍が真珠湾攻撃での戦死者の二階級特進を公表した。翌8日の北日本新聞朝刊1面にも名簿の一部が載り、そのうち1人の名前には、ひときわ大きな活字が使われた。婦負郡杉原村（現富山市八尾町）から志願して海軍に入った武田友治《ともじ》だ。

8日夕刊の続報には、腰に手を当てた本人の写真に加え、「真珠湾に輝く殊勲　郷土の荒鷲《あらわし》武田二一飛曹」

眞珠灣に輝く殊勲
郷土の荒鷲武田二一飛曹（婦負郡杉原村）
敢闘精神
恩師

武田について報じる1942年7月8日の北日本新聞夕刊

と勇ましい見出しを掲げている。未帰還だった攻撃機の搭乗員だったこと、少年航空兵として軍隊に入ったこと、兄たちも軍人で「地方稀《まれ》な兵隊の家」であることなどを紹介した。

友治は現在の富山市婦中町中島に生まれ、間もなく養子に出された。15歳で古里を離れ、17歳で帰らぬ人となった。

「戦死の知らせはすぐに来た。寒かったし、冬だったと思う。長い巻物のような手紙が届いたんよ」

生きていれば91歳。生前を知る親戚は、おいの池内藤三（87）と永井豊次（83）だけになってしまった。2人は今も同じ集落で暮らす。

「友ちゃんな、きっつかったよ。小学校で一番大きかった。頭も良かった。友ちゃん友ちゃん言うて、かわいがられとった」「叔父さんだけど、年はほとんど変わらん。兄貴分だった」

2人が遠い記憶をたどり始めた。

2 海軍入り

憧れ抱き14歳で志願

富山市婦中町中島は、水田に囲まれた郊外ののどかな集落だ。道端に馬頭観音の石像とお地蔵様を祭った古いほこらがあり、その真向かいに、真珠湾攻撃で戦死した武田友治《ともじ》の生家がある。

その生家で友治のおい2人に話を聞いた。同じ中島に住む3歳下の池内藤三と、7歳下の永井豊次。「子どもの頃は、よう遊んだもんや。ここはにぎやかだったし、友ちゃんは帰るが嫌や言うてね」。2人は懐かしそうに目を細めた。

友治は1924（大正13）年5月、宮川村（現富山市婦中町）の永井家に生まれた。7男3女、10人きょうだいの末っ子。1歳の時、子宝に恵まれなかった武田家に養子として迎えられた。家は杉原村井田（現富山市八尾町）。歩いて5分ほどの生家に、よく遊びに帰った。

杉原尋常高等小学校に通い、成績も良かった。14歳の時、15歳から入団できる海軍に志願し、試験をパス。39（昭和14）年3月に高等小学校を卒業し、15歳になって間もない6月、広島県の呉海兵団に入った。

いまでいう中学2年の若さでどうして軍隊に入りたかったのか―。2人に尋ねると、池内は「間違いなく政二の影響だ」。政二は、友治の兄で海軍士官だった。「夏場に帰ってくる時は真っ白な制服着て、格好良かった。みんな兵隊に憧れた」と池内。他の兄たちも陸軍や憲兵隊にいた。

39年、7歳だったおいの永井は古里をたつ友治の見送りに加わった。「杉原のバス停に学校の子どもが、かなりでかいと来とった。バスが出ると『万歳、万歳』という感じでしたかね」

そして海軍で飛行兵になる。当時の攻撃機は2～3人乗りで、友治は主に通信を担う電信員の教育を受けた。正月やお盆には富山に戻り、羽を伸ばした。

武田の記事が載った1942年の北日本新聞を見る池内さん（左）と永井さん＝富山市婦中町中島

41（昭和16）年の夏はいつもと違った。所属する舞鶴航空隊に至急戻るよう、友治に電報が届いた。「それまでは休暇で帰ってても、電報なんか来たことはない。『おかしいのぉ。なんでこんな電報来たがかの』と、うちの親父と話しとったそうです」と永井は言う。

折しもその8月、米国は日本への石油輸出を禁止。日米関係は悪化の一途をたどった。海軍は真珠湾攻撃を想定し、9月には航空隊の訓練を始めた。友治は空母「加賀」に配属され、魚雷を投下する「雷撃機」の電信員になる。作戦内容を知ったのは、択捉島からハワイに向け出港する直前の11月24日。2週間後、第1次攻撃隊で出撃した。

だが、二度と戻ってくることはなかった。真珠湾攻撃から半年は連戦連勝の状況。「軍隊に行っても、無事に帰ってくるもんだと思ってた。亡くなったと聞いても、いつか帰ってくるんじゃないかと思ってましたね」。永井が遠くを見つめながら心境を語る。

戦死した友治は階級が上がり、一兵卒の一等飛行兵から下士官の二等飛行兵曹になった。遺体は帰らず、養父が舞鶴から真新しい帽子を受け取ってきた。本人がかぶったことのない下士官帽だった。

3 村の葬送

「悲しいより立派だと」

その日が暑かった記憶はあるという。1941(昭和16)年冬の真珠湾攻撃で戦死した武田友治《ともじ》の葬式が、杉原村(現富山市八尾町)の村葬として国民学校の講堂で営まれた。おいの池内や永井も参列。月日は判然としないが、永井は「親戚だけでなく学校の生徒らもおって、講堂がいっぱいやった」と思い出す。

友治の尋常高等小学校時代の同級生、熊野孝清(90)=富山市八尾町杉田=もその場にいた。「普通の戦いで死んだなら村葬なんてしない。軍隊に志願して、真珠湾で戦死して。名を残す死だった」

日米が開戦することになった真珠湾攻撃。戦死者のうち県出身者は友治だけで、太平洋戦争で最初に戦死した県人といえる。「ずっと勝ち戦だと思ってた。生きとってくれればと思ったけど…。悲しいより、立派な戦死、名誉な戦死だちゃ」。少年だった池内はそう受け止めた。

故郷の人たちにとって、友治はただの戦死者で終わらなかった。母校の小学校では「軍神」として遺影が掲げられた。「真珠湾攻撃で真っ先に突っ込んで戦死した」などと伝わり、その姿勢は「武田精神」としてたたえられた。

養家そばを流れる井田川で大きな岩を集め、墓代わりの慰霊碑が建てられた。碑銘には同じ攻撃機に乗っていた操縦士ら2人の名も刻んだ。台座を含めると当時は高さ3メートル以上はある巨大な碑で、遠くからでもその存在が分かるほどだった。同級生らは折に触れて参拝した。

日本は真珠湾での奇襲攻撃によって大きな戦果を得た一方、米国民の敵がい心をあおり、参戦への大義名分を与えた。連合艦隊の山本五十六司令長官がもくろんだ早期講和どころか、泥沼の戦いに突き進んでいった。

武田友治の慰霊碑を見つめる橋本さん
＝富山市婦中町中島

短い人生、そして一兵卒だったため、友治の歩みを記す資料は少ない。かつて富山市杉原中学校で勤務していた元教諭の橋本哲《てつ》（65）＝富山市田中町＝は、杉原校区の歴史や文化を調べた際に友治の存在を知り、生い立ちから死までを一冊にまとめた。

団塊の世代最後の年に生まれ、親の世代に起きた戦争の総括は、自分たちが担わなければならないと橋本は考えていた。「真珠湾攻撃は、よその国の知らない物語ではない。友治を『郷土の誉れ』として取り上げてきたかもしれないが、戦争に至る国家の歴史に、地方や県人も組み込まれていったことも知るべきだ」。さまざまな視点で記録を後世にとどめる必要性を強調する。

慰霊碑は数年前に台風で倒壊し、一部が生家近くの墓地に移された。詳しい場所を聞き、足を運んでみた。立山連峰を眺められる水田に囲まれた静かな場所にあり、碑銘はいまでもはっきり読める。橋本は毎年命日に訪れ、手を合わせるという。

友治の乗った攻撃機は、オアフ島南東沖に墜落したという米国側の報告もある。しかし、その詳しい最期はいまも分からない。

第5章　兵隊への路

1 幻の資料

村人の命運記す

第5章「兵隊への路」では、舟橋村役場で発見された兵事資料などを手掛かりに、兵隊となった人々の軌跡と、兵を送り出した地域の姿を見つめる。（稲垣重則）

2012（平成24）年の春のことだった。舟橋村史の編さん委員長を引き受けた郷土史家の須山盛彰（80）＝富山市呉羽町＝は、村役場3階の書庫に案内された。こぢんまりとした部屋に、明治から現代に至る約3700点の行政資料が、年代ごとに収められていた。

執筆を担当する戦前から戦後の棚を見ると、表題に「軍」や「兵」といった文字を含む資料がそろった一角があった。「宝物がちゃんと残っていた」。胸の内で、須山はつぶやいた。

終戦まで日本は徴兵制が敷かれていた。役場では徴兵検査や、赤紙と呼ばれた召集令状の交付、志願兵の取りまとめなどの業務が、日常的に行われていた。須山が目にしたのは軍に関わる手続きで作成された「兵事資料」。全国の市町村で作成されたが、終戦時に軍の命令で焼却されたため、わずかしか現存しない〝幻の資料〟だった。

取材を進める中で、戦争にまつわる貴重な資料が舟橋村に残っていると聞き、先月上旬、村役場へ車を走らせた。2階の村史編さん室を訪ねると、須山が年月を経て赤茶けた書類の束をめくっていた。書庫に残る兵事資料をリストにすると、250点近くあったと言う。「全

兵事資料を見る須山さん＝舟橋村役場

て目を通したわけではありませんが、いくつか重要と思われるものがありました」。須山は書類を数点取り出した。

黒っぽい表紙の一冊は「在郷軍人名簿」という題と、秘密を示す朱色の「秘」の文字が貼り付けてあった。軍が赤紙を発行するために作られた「データベース」だと言う。

当時の兵士は「現役兵」と「召集兵」に区分される。現役兵は徴兵検査の結果を受け、直ちに入隊した。その後、軍隊生活を終えて帰郷した人や、検査の結果、現役兵ではなく補充兵などになった人らは在郷軍人と呼ばれ、随時赤紙で召集された。

在郷軍人名簿には、所定の欄に住所氏名、軍隊時代の兵の種類、職業・技能、健康状態などが記入され、余白には学歴まで書き込まれた。村は名簿を富山連隊区司令部に提出。司令部は名簿の中から、軍の動員計画に応じて適切な人物を選び、赤紙を作成した。赤紙は警察署を通じて村役場に届けられ、役場の使いが本人や家族に手渡した。名簿は厳重に管理され、村長や担当者らしか見ることができなかったという。

もう一冊の表題は「支那事変誌」。日中戦争（支那事変）が起きた1937（昭和12）年から太平洋戦争後半の44（昭和19）年までの間、村役場に赤紙が届いた日時や対象者の名前、戦死者の遺骨が届けられた日時などが、詳細に記録されていた。「この資料を分析すれば軍の動きと、赤紙によって戦場に駆り出された村民の人生とが結びつくはずです」

説明が一息つくと、須山が意外なことを口にした。「実はね。このような資料が村にあることは随分前から知っていました」

県史編さんを手がけていた73（昭和48）年ごろ、旧の村役場の倉庫を調べたという。段ボール箱に明治以降の行政資料が無造作に収められていた。軍関係と分かる資料も見られたが、全体像を調べることはなく、役場職員に「大切に保管してください」と伝えただけだった。

なぜその時、調査しなかったのだろう―。何げなく尋ねると、須山から不意に強い言葉が返ってきた。

「当時は戦争について、正面から調べようという気持ちにはならなかった。忌避していましたから」

中学や高校で、社会科教諭を務めた須山は35（昭和10）年の生まれ。幼いころ、学校でついこの間まで軍国主義を教えていた教師が、民主主義を語る姿を目の当たりにした世代だ。

忌避の思いが変わるきっかけは、県内の学童集団疎開の状況を調べたこと。当時を知る人が少なくなり「記憶を記録しなければ、なかったことになってしまう」と危機感を覚えた。村の兵事資料と〝再会〟し、量の多さと内容の緻密さが想像以上だった驚きも、須山の心を動かした。

今は、村史編さん後も、研究を続けなければと考えている。「『赤紙一枚で兵隊に』とよく言われたが、一枚の赤紙の裏にあったものを、私たちはまだ十分に知らない。あの戦争の真実を見つめ、過去のためでなく、未来のために記録しなければ」

2 兄弟

生と死　物語る名簿

戦時下の市町村では、召集令状（赤紙）の交付や出征兵士の見送り、戦死報告、葬儀など兵事に関わる多くの業務があった。「海軍志願ニ関スル綴《つづり》」「戦死軍人葬儀ニ関スル書類綴」「軍用保護馬ニ関スル雑件」…。舟橋村役場に残る兵事資料は、地方の行政が、国や軍と共に、戦時体制をつくる重要な役割を担っていたことを物語る。

資料にあるのは、公的記録らしい簡素な記述だけ。しかし、そこからは、戦争に翻弄《ほんろう》される村人の人生が垣間見える。

「ソロモン群島方面ノ戦闘ニ於テ戦死サレタル故海軍上等水兵喜渡《きど》貞明　午後〇時二十七分舟橋駅着　無言ノ凱旋《がいせん》サル」

1937（昭和12）年以降の村の出来事を記した「支那事変誌」。44年1月14日の欄に、一人の水兵の遺骨が帰還し、村葬が営まれたとある。この時、白木の箱を抱えて舟橋駅に降り立ったのは、貞明の弟の喜渡義成、当時19歳。三つ年上の貞明と同じ海軍に、志願兵として入隊していた。

91歳になった義成に同村仏生寺の自宅で話を聞いた。遺骨の帰還といっても、木箱に入っていたのは貞明の写真1枚だけだったという。兄弟がどのようにして兵隊への路《みち》を歩んだのか尋ねると、「戦争のことで話すことはあまりないのだが…」と言いながらも、ぽつりぽつりと言葉を紡いでくれた。

義成は農家の次男。富山市内の工場で働いていた時、海軍に志願した。仏壇の引き出しにあった印鑑をひそかに持ち出し、書類に判を押して提出。反対されると思って両親には告げなかった。同じ年、20歳になった長男の貞明は徴兵検査を受けて甲種合格した。貞明が隣家の同級生と2人、「やんばかった（よ

海軍時代のコートを手に出征時を振り返る喜渡義成さん＝舟橋村仏生寺

かった)」と言って帰ってきたのを、義成は今も覚えている。
貞明も海軍入隊が決まり、兄弟は一緒に舟橋駅で見送りを受けて、42(昭和17)年9月1日、舞鶴の海兵団に入った。

信号兵となった貞明は、入隊翌年の7月22日、南太平洋のソロモン群島方面の戦闘で命を落とした。同じころ、義成は北太平洋のアリューシャン列島にあるキスカ島にいた。隣のアッツ島は2カ月前に米軍の猛攻を受け、玉砕。キスカ島も絶望的だったが、霧に紛れて船で脱出する作戦が成功。義成は日本に戻ってから、貞明の死を知らされた。

一緒に村から送り出されて兵隊になった兄弟。役場の現役兵名簿に記されていた兄の名は死を示す2本の縦線で消され、弟の名はその後、復員者の名簿に記されることになった。

兄を奪った軍や戦争をどう考えているのか――。義成は「お国のため兵隊になることに迷いはなかった。兄も同じ。覚悟していただろう」と語る。「同年代が次々と志願していった。村に残っていると、人でないという時代だった」

3 兵事係

家族にも話せぬ業務

「只今《ただいま》　動員令　令セラレル」

召集令状（赤紙）を交付する村の仕事は、警察署からの1本の電話で始まる。

舟橋村役場に保管されている「動員徴発日誌」に、詳しく記録が残っていた。警察署から電話を受け、村長や担当者が村長室横の事務室に駆け付ける。署から赤紙が届くと、内容に間違いがないか村側の名簿とチェック。隣部屋に控えている急使が対象者の家を訪ねて手渡す。日誌の記述はすべて分刻みだ。「急使心得書」では、赤紙を届ける際はできるだけ自転車などを使い、やむを得ず歩く場合は「一時間四キロメートル以上の割合で」とまで指示していた。

資料を調査している村史編さん委員長の須山盛彰は「村が速やかに正確に赤紙を交付するため、相当な緊張感をもって業務に当たっていたことが伝わってくる」と言う。

間違いが許されないのは赤紙だけではない。在郷軍人名簿の整理、死亡通知、志願兵の募集…。どれも住民の命に関わる仕事だった。村の業務の核となったのが「兵事係」というポスト。どんな思いで務めていたのか━。戦前戦中に兵事係などを担当した元村収入役、故山本清治の家族に話を聞いた。

長男の清（84）によると、性格は「きちょうめんで真面目そのもの」。戦時中、屋敷林の供出が命じられると、積極的に庭のスギを切った。「私は子どもだったので、そこまでしなくても、と思っていました。役場勤めなんで、率先して取り組む必要があったのかもしれません」

家で仕事について語ることはほとんどなかった。「『兵隊を送っていく』などと話すのを聞いた気もするのですが。何の仕事だったか今ではもう…」。赤紙にまつわる業務は秘密が多く、

兵事係を務めた父の履歴書を見返す山本清さん＝舟橋村海老江

家族にも、うかつに口にすることはできなかったのだろう。

「父は戦争で家族を失うことの意味をよく分かっていた」

清がぽつりと漏らした。清治は2歳の時、日露戦争で父の次七を亡くしたという。次七は負傷して一度帰国したが、再び志願して戦場に戻って帰らぬ人となった。「兵事の仕事も、万感の思いで当たっていたはずです」と清。山本家の向かいには次七の追悼碑が立つ。

いや応なく戦時体制に組み込まれ、多くの村人を戦地に送り出した兵事係。清治が胸にどんな思いを秘めていたか、今となっては知る方法はない。ただ、一つ気になる話があった。

清は戦時中、母から高等工業学校への進学を勧められていた。1943（昭和18）年、戦局悪化で学徒出陣が始まり、多くの学生が戦地に送り込まれた。そんな中で、兵器開発などを担う理工科系の学生は、数少ない徴兵猶予の対象だった。

答えは出ないと思いつつ尋ねた。戦地に行かせまいと、進学を勧めたのでは—。清は腕組みし、間を置いて言葉を発した。「戦争に行くなとは言えない時代。精いっぱいの親心だったのかもしれません」

4 赤紙の束

動員体制 崩壊を象徴

赤というより、薄い紫かピンク色だった。6月上旬、砺波市花園町のチューリップ公園内にある市立砺波郷土資料館を訪れ、「赤紙」と呼ばれた召集令状の実物を初めて見た。館が所蔵する「充員・臨時召集令状受領証綴《つづり》」。受領証は赤紙本体と一体になっていて、赤紙を届けた際、受取人に日時と名前を書いてもらい、切り取って持ち帰った。いわば、渡したという証明の紙片だ。

綴は旧庄下村（現砺波市）の兵事資料の中の一つ。この村の資料は、今回、舟橋村で新たに確認されるまで、県内で唯一存在が知られていた。館は原則非公開としている。今回は表紙こそ撮影できたが、綴の中を見ることは許されなかった。

庄下村の資料は、村の兵事係をしていた故出分《でぶん》重信（1917―99年）が自宅に持ち帰ったため、今に残った。同郷の歴史学者、故黒田俊雄らが記した『村と戦争―兵事係の証言』（桂

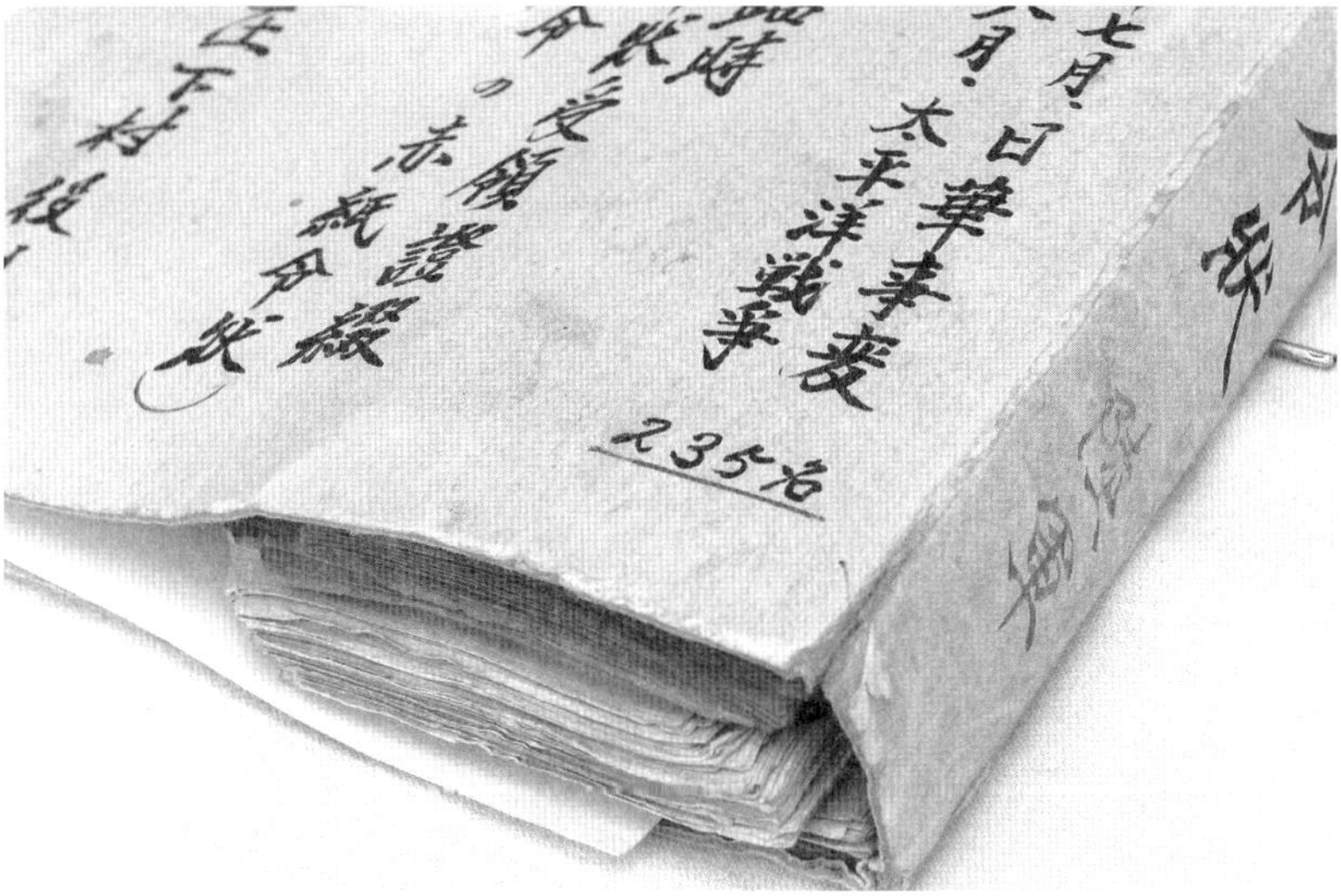

日中戦争以降に発行された召集令状の受領証の綴（砺波郷土資料館蔵）

書房）に、その言葉がつづられている。

終戦直後、警察から軍関係の書類を焼くよう命じられた。狙いは軍の戦争責任の回避。だが、出分はそれに背き、資料を自宅に隠した。「残さねば、分からんようになるぞ」。戦没者らの叫び声が聞こえてくるような気がしたと、振り返っていた。

当時250戸前後だった庄下村で、日中戦争以降に50人の戦死者が出たという。厚さ数センチの赤紙の綴。その存在の重みは、計り知れない。収蔵庫に戻してもらう前に、もう一度見返した。紙片の束の上3分の1ほどの色が濃く、その下は薄くなっていることに気付いた。

戦況の悪化で赤紙が乱発され、富山連隊区司令部では赤紙の印刷が追いつかなくなった。紙質は悪化し、染料は不足して色が薄くなったという。色の違う赤紙は、出分ら兵事係たちが懸命に支えた軍の動員システムが、崩壊していくさまを象徴していた。

・◆・

舟橋村の兵事資料の取材に取りかかった5月上旬、２０１６（平成28）年春から使用される中学教科書の1冊が庄下村の赤紙の話題を取り上げるというニュースが入ってきた。東京都内の教員ＯＢらの取り組みだ。戦後70年を迎え、小さな村の兵事資料に再び光が当たろうとしている。

兵事資料に詳しい東海大教授（日本近現代史）の山本和重は「兵事資料の研究はまだまだ十分ではない」と指摘する。安全保障関連法案などで国政が揺れる今だからこそ、資料から学ぶものは大きい。「地域から戦場に人を送るとはどういうことなのか、過去の経験を踏まえなければ正しい選択はできないはずだ」と話した。

第6章　銃後で生きる

1 消えた愛犬

食糧難で後ろめたさ

第6章「銃後で生きる」では、太平洋戦争下の富山の暮らしを知る市井の人々を訪ね、耳を傾ける。（柳田伍絵）

姉妹が傘を手に、かやぶき屋根を懐かしそうに見上げる。6月中旬。灰色の空は妙に明るかったが、雨がやむ気配はなかった。江戸時代の豪農の屋敷として知られる国重要文化財、佐伯家住宅（高岡市福岡町蓑島）で2人と会った。

姉の林久子（76）＝砺波市鷹栖出＝と、妹の久恵《きゅうえ》紀子（73）＝南砺市三清東（井波）＝は、ここで生まれ育った。今は住居としては用いず、往事を知るためにある文化財も、彼女たちにとっては思い出がたっぷりと詰まった建物だ。

2人は久しぶりに〝実家〟で顔を合わせたとあって、思い出話に花を咲かせた。「昔は離れがあってね…」「ここに鶏小屋があったんやよ」。一緒に屋敷の周りを歩きながら、かつての様子を教えてくれる。久子が門の前で、ふと、足を止めた。

「戦争が始まった頃、ここでシロを飼っていたのよ」


シロは、かつて佐伯家にいた白い犬の名だ。県内では立山犬と呼ばれた北陸地方を代表する犬種「越《こし》の犬」だったという。1934（昭和9）年に国の天然記念物に指定されており、貴重な存在だった。

シロがやってきたのは太平洋戦争が始まった41年だ。富山市内の親戚から譲り受けた子犬を、祖母と久子がバスケットに入れて家に連れてきた。その時、久子は3歳ごろ。

「汽車の中でもクゥンクゥンと鳴いてね。静かにさせなきゃ

絶滅したとされる「越の犬」
＝『富山県の文化財』（県教育委員会編）より

と思ったもんだよ」と振り返る。

ピンとした耳に、くるんと丸まったしっぽ。餌をやりにきた祖母に立ち上がって抱きつくと、同じくらいの大きさに見えた。久子の7歳上の兄、故佐伯久敬《ひさよし》にとっては良い遊び相手。一緒にスキーをしたり、用心棒としてけんかに連れて行ったり…。夕方になるとシロは近所で働く父親の職場に行き、弁当箱を首からぶら下げて帰って来た。

利口で穏やかで、人懐っこい。かけがえのない家族だった。

佐伯家住宅前で思い出話に花を咲かせる紀子さん（左）と久子さん＝高岡市福岡町蓑島

真珠湾攻撃など緒戦の勝利は、国内を戦勝ムードに染めた。その後、戦線は拡大されたものの、42（昭和17）年6月のミッドウェー海戦で敗れてから情勢は暗転。近隣の制空権と制海権を失うと、国外の物資は当てにできなくなった。
輸入量が激減した上に、働き手の男たちは兵役にとられる。それでも戦争を遂行するため、政府は国民に一層の協力を求めた。その一つが「供出」だ。食料となる米のほか、兵器の材

戦前の佐伯家＝1939年ごろ

料にする金属や木材を提供するよう命じた。
富山の風景を象徴する屋敷林も例外ではなかった。県は42年12月、各市町村長に供出を求める通達を出した。軍需工場建設や軍の資材に使うため、各家庭の屋敷林のうち３割の供出を目標に掲げ、敗戦の45年まで全県で推進した。県の資料では43～45年度に切られた木々は計58万立方メートル。高さ25メートルのスギなら約58万本に相当する数だ。
佐伯家の屋敷林は「天狗《てんぐ》が出る」と言われるほど茂っていた。確かに戦前の39年ごろの写真には、高さ10メートルを超えるような巨木がいくつも写っている。久敬によると、佐伯家では供出のため44年に約２００本を切り倒し、林は見る影もなくなった。

シロがいなくなったのは、その頃だっただろうか。

最初は門の前で飼い、食事の残りを与えてかわいがっていた。だが、戦況や食糧不足に配慮し、いつしか人目を避けるように、家の裏の小屋のそばで飼うようになっていた。飼い犬は贅沢《ぜいたく》と見られ、後ろめたい時代だったのだろう。餌も減り、子どもたちが「自分のご飯もあげて」と祖母に頼んだこともあった。

2度ほど他の家にシロを譲ったことがある。しかし、その都度、いつの間にか佐伯家に戻ってきた。紀子は、帰ってきたシロが、父親の前で懸命にしっぽを振る姿を鮮明に覚えている。

その後、シロはどうなったのか、姉妹の記憶は定かではない。

「戦争がなければずっと一緒にいられたのかもね」と紀子。お国のため、愛犬と引き離され、屋敷林はすっかり姿を変えた。幼い姉妹は、戦局とともに疲弊する社会や大人たちの思いを肌身で理解していった。

「越の犬」は1970（昭和45）年に純系が絶滅したとみられ、佐伯家を囲む屋敷林はいまもない。

2 防空頭巾

綿に込めた母の愛

南砺市井波地域。古刹《こさつ》、瑞泉寺から延びる通りに杉本昌子（82）＝南砺市本町＝の家がある。「昔はね、ここらで何でも手に入ったから銀座って呼ばれてたのよ」。そう言って笑顔で自宅に迎え入れてくれた。愛犬シロの記憶を聞いた久恵《きゅうえ》紀子（73）＝同市三清東（井波）＝から紹介され、足を運んでみた。

◆

昌子も紀子も地元の女性でつくる「草の根サークル」の仲間だ。井波で生まれ育ったサークル代表の昌子が、茶色い表紙の冊子を見せた。タイトルは『戦争とわたしたち』。日中戦争から太平洋戦争に至るメンバーの体験や、住民から聞き取った〝庶民の歴史〟をまとめた。「私たちは戦争を知る最後の世代。体験したことを子どもたちに残したかったの」。風化していく記憶をとどめ、伝えなければならない―。昌子の言葉は、こちらの意図と重なる。

「これを見て」

取り出したのは防空頭巾。70年間、蔵に眠っていたものだ。

日本人にとって戦場は、日清戦争以来、いつも海の向こうにあった。だが、太平洋戦争は違う。1942（昭和17）年4月に米軍が東京や名古屋などを爆撃。44年11月からは爆撃機B29による空襲が本格化し、銃後のはずの本土は〝戦場〟に変わり、多くの老若男女が命を落とした。

防空頭巾は、亡き母の雪が作ってくれた。空襲に備え、昌子は頭巾を持って国民学校に通った。杉本家は呉服屋を営んでいたこともあってか、生地は深緑色に縦じまが入ったおしゃれな柄だ。綿がたっぷり入っていて、一カ所に偏らないように糸で縫い付けてある。「親心でしょうね。たくさん綿を入れれば、助かるのではないかと思ったのかもしれません」

亡き母が作った防空頭巾を手にする昌子さん＝南砺市本町（井波）

本土への空襲を受け、富山の家々でも自衛の手段を講じるようになり、昌子も爆風に備えて窓ガラスに和紙を貼った。納屋の中に、地面を掘った防空壕《ごう》ができたことも覚えている。

・◆・

戦争中、幼い少年少女は天皇の治める国のために尽くす「小国民」と呼ばれた。昌子もその一人として日本の勝利を確信していた。自宅のラジオで、日本軍の玉砕など悲報を報告する際に流す「海ゆかば」を耳にするようになっても、思いは揺るがなかった。「神風が吹くって言い聞かせられていたから」

45（昭和20）年8月、B29が飛ぶ低く鈍い音が耳に入った。空襲警報が鳴る。6年生だった昌子は家を暗くし、布団から飛び出した。あまりに突然のため、母が作った頭巾をかぶる余裕もなかったと記憶している。

父に促されて屋根に上ると、井波から東北の方角に見える空が真っ赤に染まっていた。富山大空襲だった。「頭の上に飛行機が飛んで行って…。見たことがない光景だった」。赤い空に驚きつつ、勝利を信じ続ける小国民の想像力では、その下で起きた惨事を思い浮かべることはできなかった。

3 強まる統制

呉服店から反物消え

太平洋戦争に突入し、軍需産業に重きを置く政府は経済統制を強める。1942（昭和17）年5月に企業整備令を公布するなどして、戦争に直接関わりのない分野を規制。流通を管理するために、同じ業種を統合したほか、小売業を営む店主らに転業や廃業を勧めた。当時の富山はどうだったのだろう―。

43（昭和18）年ごろの話だ。杉本昌子は防空頭巾を肩に掛け、国民学校から帰った。自宅は江戸期から続く老舗の呉服店だった。

すぐに異変に気付いた。棚にあった反物がごっそり無くなっていた。「びっくりした。幼くて何が起きたかは分からなかったけど」。今から思えば経済統制が進んだ時期と重なる。

衣服は、42年に全面的に配給制が敷かれた。国などが定めた公定価格と割り当て量に基づいて物を販売する制度だ。衣料は専用の切符で購入するシステム。年齢や性別に関係なく、1年間に使える衣服のポイントとして国民1人に都市部で100点、郡部で80点を付与。背広は50点、ワンピース25点、もんぺ10点など衣料品ごとに点数が定められた。

戦争末期の44年には地域に関係なく30歳以上が40点、30歳未満は50点に。26歳の私ならワンピースを2着買ったらおしまいだ。「ぜいたくは敵」「欲しがりません勝つまでは」。そんなスローガンが浸透し、昌子の母も外出時にもんぺをはくようになっていた。

アルバムを手に、戦時下を思い出す恵美子さん＝南砺市井波

杉本家は、父が役場で働いていたこともあって、何とか生活はできた。「もし父が勤めていなかったら、どうなっていたことか…」。昌子は振り返る。

同じように井波の呉服店で生まれ育った女性に会いに行った。竹谷恵美子（88）＝南砺市井波＝だ。戦争中、商売をやめた時期があったという。その間の44（昭和19）年春に起きた反物にまつわる悲しい思い出を、恵美子は語ってくれた。

当時は井波にある陸軍の電話機の組み立て工場に勤めていた。ある日、仕事中に父から電話がかかってきた。「警察が蔵を調べとる。すぐ来《こ》いま」

急いで家に帰ると、反物が地面に散らばっている。警察官2人が蔵の2階の格子戸から放り投げたという。警察官は、17歳の恵美子の顔を見ると「娘さんがおるんか。じゃあ、しまっておくか」と言い、それ以上、散らかすことはなかった。

警察官の振る舞いに「あまりにも横暴だ」と憤りながら、散らばった反物を拾った。おそらく「商売用の反物を隠している」と疑われたと思われるが、はっきりとした理由は分からない。恵美子は「しょうがない。何をされても文句を言える時代ではなかった」と言う。

規制は呉服店だけではない。金物や自転車、陶磁器などを扱う店も、転業や廃業を強いられた。通りを歩く多くの男性は軍服に似た国民服、女性はもんぺ姿。街はすっかり軍事色に染まっていた。

④配給下のメニュー

子を飢えさせまい

銃後の人たちが食べていたものは、どんな味がしたのか―。太平洋戦争中の生活を調べていくうちに、疑問が湧いた。南砺市井波地域の女性でつくる「草の根サークル」のメンバー、古石節子（80）＝同市北市（井波）＝に協力してもらい、当時のメニューを再現してみた。

場所は地元の高瀬公民館。サークルの仲間も集まってきた。一緒に調理台を囲むと、中学生時代の調理実習のようで懐かしい。「食べるのが専門で、作るのは自信ないんです」。節子は控えめに言うが、戦時下の食生活をしっかり記憶している。用いる食材も節子に聞き、買い集めたものだ。

節子は同市荒木（福光、旧吉江村荒木）で生まれ育ち、父は小学校の教員だった。当時の食事はご飯とみそ汁、簡単なおかずだけ。農家の親戚はいたが、食糧はほとんど配給に頼っていた。

県内では１９４１（昭和16）年から米の配給が始まり、１世帯の１日当たりの割り当て量を記した「通帳」を持参して買った。11〜60歳の男女は１日３３０グラム。茶碗で約４杯分だが、戦局の悪化につれ、次第にぬかが多い米や玄米になり、代用食としてジャガイモなどが配給されるようになった。

節子が食事に不自由を感じたのは42年から。砂糖が消え、国民学校のグラウンドにはサツマイモを植えた。疎開してきた子供はヘビを探した。食べるためだ。43年、県は栄養確保のためイナゴの食用を推奨する通達を出す。団子に混ぜたり、飴《あめ》煮にしろというものだった。

節子はふりかけにして食べた。

「もっと良い物を食べたいって、ずっと思ってた」。そう当時を振り返る。

節子さんの指導で作った大豆ご飯とパン。妙におなかが膨れるメニューだった＝南砺市高瀬（井波）

再現したメニューは二つ。1品目の「大豆ご飯」は、水に1晩漬けた大豆を木づちでつぶし、米と一緒に炊飯器で炊く。米と大豆の割合は2対1。当時、配給された大豆は「満州大豆」と呼ばれていたという。

2品目は「パン」。材料の大豆粉は、大豆を生《なま》か、蒸してからひいたものだ。炒《い》って粉にした「きな粉」と違う。当時と製法が同じかどうかは分からないが、今もスーパーにある。とりあえず小麦粉と大豆粉を1対1で混ぜ、重曹を入れて蒸した。

試食してみると、どちらもまずくはない。節子が「おいしくなかった」と断言したパンは、ぼそぼそとした食感だが、言うほどではない。材料の品質が高く、改良されているからだろうか。調べてみると「時局パン」などと名前が付いていた。

「パンはこんな舌触り。大豆ご飯は、もう少し大豆が多かったかも」と節子。とにかく、おなかは膨らむメニューだった。「もっと良い物が食べたい」という節子の言葉がふに落ちた。

なぜ、ここまで戦時下の食事に詳しいのかー。節子に尋ねた。答えは、はっきりしていた。当時の食卓の様子が、子どもを飢えさせまいと心を砕く、母の姿と一緒に脳裏に浮かぶからだという。

5 母の思い

家族のため身を粉に

薄暮の台所に立つ白い割烹《かっぽう》着姿。節子が戦時の記憶とともに思い出すのは、家族のため食事をこしらえる在りし日の母だ。

再現してもらった大豆ご飯やパンだけでなく、母はさまざまな料理を作った。キャラメルのような菓子、誕生日のカレーライス…。ただ、イカの肝が入った雑炊には閉口した。「臭くてねぇ。でも、肝も無駄にしたくなかったんでしょう」。食材が少ない上、炭も手に入りにくい。調理も大変だったはずだ。

とんとんとんからりと隣組
あれこれ面倒　味噌醤油《みそしょうゆ》
ご飯の炊きかた　垣根越し

教えられたり　教えたり

当時、流行した歌だ。政府方針の伝達や配給の窓口となった住民組織「隣組」を取り上げている。歌詞からは、どの母親も食材をやり繰りしながら食事を作っていたことがうかがえる。

節子の母は終戦直後の1945（昭和20）年11月、発疹チフスで亡くなった。37歳だった。末っ子の弟は1歳になったばかり。「戦争で体力を使い果たしたんでしょうね」

母が息を引き取る日、父ときょうだい5人で病室を訪ねた。ベッドに横たわる母を囲み、昼ご飯を食べた。蒸したサツマイモと豆腐が入ったすまし汁。母を交えた最後の食事だった。

玄関から母の「おかえり」の声が消え、夕刻の台所には姉と2人で立つようになった。サツマイモご飯をかまどで炊くのだが、すぐに焦げる。母の苦労を感じながら包丁を握った。

◆

節子だけではない。愛犬の記憶を語ってくれた林久子と久恵《きゅうえ》紀子の姉妹もそう。防空頭巾を見せてくれた杉本昌子もだ。彼女たちは、母が家業に精を出しつつ、夜遅くまで縫い物をしたり、空襲に備えてバケツリレーに参加していたことを覚えている。

生活を守り、子どもを生み育て、その大切な子を国にささげることを強いられたのが、戦

戦時下の女性たち。「標準服」姿の女性（左上）、割烹着にたすきを掛けた婦人会のメンバー（右上）、防空演習でのバケツリレー（下）のコラージュ（『写真は語る　井波の近代』より）

時下の女性だった。悔しい思いで反物を拾い集めた竹谷恵美子は今になって、母の思いが痛いほど分かる。

兄が戦死したのは42（昭和17）年1月。当時24歳。たった1人の息子だった。知らせが届くと母は泣いたが、住民が集まる町葬では毅然《きぜん》と振る舞った。

それでも恵美子は知っている。出征する時、母が「死なれんぞ。生きて帰ってこい」と、兄に叫んでいたことを。「人前で感情なんて出せない。そんな時代だった」。恵美子は、感情は押し殺すべきものだと悟った。人々の暮らしは息が詰まりそうな空気に包まれていた。

第7章　崩れゆく戦線

1 不沈空母

起死回生の切り札

第7章「崩れゆく戦線」では、太平洋戦争の戦線が崩壊していく中、過酷な戦いに臨んだ兵士たちの話を聞いた。

（稲垣重則）

あれが沈めば、日本は負ける――。海軍の同期生や上官らが、口々に語っていた航空母艦（空母）が、目の前に山のようにそびえ立っていた。一人の若き水兵が神戸港にある造船所のドックに初めて足を踏み入れた。

巨大なクレーンなどに囲まれて、全貌を見渡すことはできない。ただ、至る所に作業用の照明がともり、数え切れない人が働いているのが分かる。想像を超える船の規模に驚き、そして信じた。「これなら、もうと沈まん」と。

船の名は「大鳳《たいほう》」。防衛省の記録によると、全長は253メートルあり、戦艦「大和」「武蔵」とほぼ同じ。搭載できた軍用機は50~80機。「不沈」とされたのには訳がある。空母の弱点である上面の甲板に装甲を施し、500キロ爆弾にも耐えられるようにしたという。日本の技術の粋を尽くした空母だった。

水兵の名は出水《でみず》秋夫。16歳。1944(昭和19)年3月、大鳳への乗り組みを命じられた。


2015(平成27)年6月、大鳳の元乗組員が富山市八尾町にいると聞いて、青々とした棚田が広がる東川倉の集落を訪ねた。出水は87歳。体調が万全でなく、声は細い。それでも大鳳の話になると、声が熱を帯びる。「皆乗りたかった船だ。命令を聞いた時は耳を疑ったねえ」

大鳳の模型を前に、乗組員当時の思いを語る出水さん
=富山市八尾町東川倉

小学校高等科の時に海軍を志願し、合格した。42（昭和17）年9月に京都府にある舞鶴海兵団に入り、中堅幹部を養成する特別年少兵（特年兵）の1期生となった。

当時14歳。志願の経緯を尋ねると、自らの意志だった点を強調した。「子供だったが、お国のため命をささげようと思った」「男は遅かれ早かれ兵隊になる。先に入って上に行きたかった」。選べる道がごく限られていた時代。少年なりに将来を見据えた決断だった。

「あのころは日本も調子が良かったから」とも話した。志願を決めたのは太平洋戦争の開戦時期と重なる。41年12月に真珠湾での奇襲に成功した日本は、マレー沖海戦やフィリピン戦などで勝利を重ね、新聞も戦果を大々的に報じた。

だが、42年6月のミッドウェー海戦で大敗。戦況は傾き始めたが、軍は隠した。少年が真実を知るすべなどなかった。

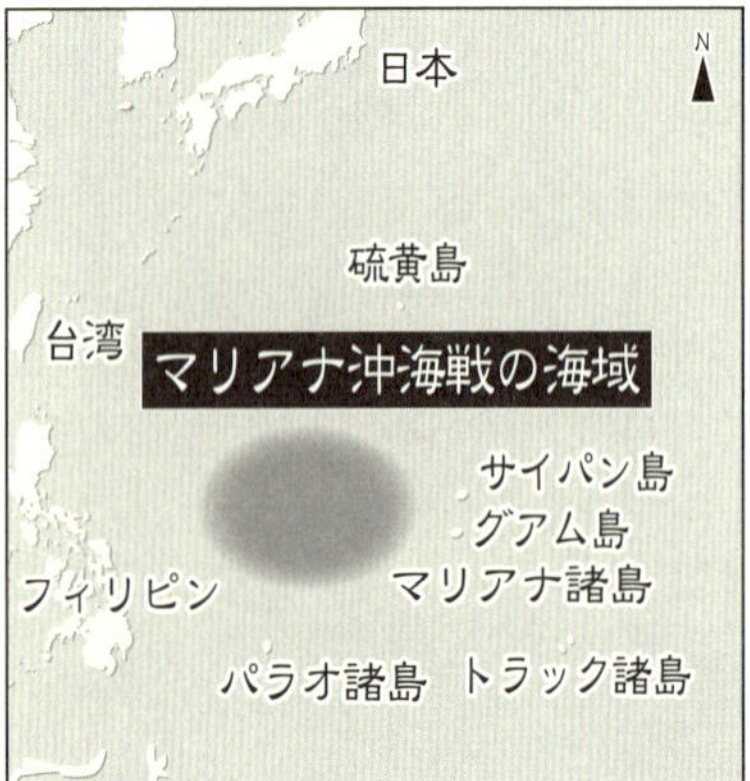

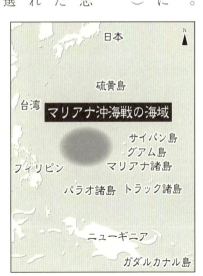

舞鶴海兵団では数学や物理などの教科をはじめ、手旗やモールス符号、陸戦といった軍事科目を学び、柔剣道や遠泳もあった。中でも「つらかった」と記憶しているのがボートの訓練だ。腕が震え、手に血がにじんだが、こぎ続けなければならない。失敗すれば「精神棒」で尻を殴られた。出水は身長157センチ。小柄だったが、農作業で鍛えられた体と負けん気の強さで補った。

2年目、横須賀にあった海軍通信学校に入った。現在のレーダーに当たる「電探」の技術を学んだ。画面に映る線の形から、敵の飛行機や船の位置を割り出す。教官から最新の技術だと言われ、習得に打ち込んだ。

訓練に次ぐ訓練を乗り切った。それだけに、不沈空母と言われた大鳳の乗員を命じられた喜びは大きかった。

出水が大鳳の乗組員になった頃、戦況はさらに暗転していた。ガダルカナル島、トラック島…。日本は次々と拠点を攻撃され劣勢に立たされていた。

44（昭和19）年6月、米軍がサイパン上陸を始めた。サイパンを奪われると、本土空襲の足掛かりを与えることになる。起死回生の策として、海軍はマリアナ諸島沖で米機動艦隊に決戦を挑むことを決めた。世に言う「あ」号作戦だ。

司令長官が乗り込む旗艦となった大鳳に、日露戦争で大勝利を収めた日本海海戦の戦艦「三笠」にちなむ伝統の「Z旗」が掲げられた。意味するのは「皇国の興廃この一戦にあり。各員一層奮励努力せよ」。日本の命運を懸けた海戦が始まろうとしていた。

出水は、艦橋にある広さ2畳ほどの窓のない「電探室」にこもり、ひたすら画面をにらみつけていた。敵が近づけば画面の線が変化する。初めての実戦。わずかな異変も、見逃すわけにはいかなかった。

2 レーダー

明暗分けた技術力

1944(昭和19)年6月19日朝。日本の南約2500キロのマリアナ諸島沖を、第一機動艦隊がサイパン方面に進んでいた。目的は米機動艦隊の迎撃。出水《でみず》秋夫＝当時16歳＝は、旗艦「大鳳」で、電探(レーダー)を担当していた。

午前7時半ごろから、零戦をはじめとする艦載機が各空母から飛び立った。艦隊が用いたのは「アウトレンジ戦法」だ。日本の艦載機は防御力が弱い分、米軍機より軽くて航続距離が長い。米側が届かない位置から攻撃を仕掛ければ、日本の空母は敵機の攻撃を受けずに済む。

ただ、その戦法は搭乗員の負担が大きい。緊張を強いられる長時間飛行を経て、敵機や敵艦と戦わなければならないからだ。「頑

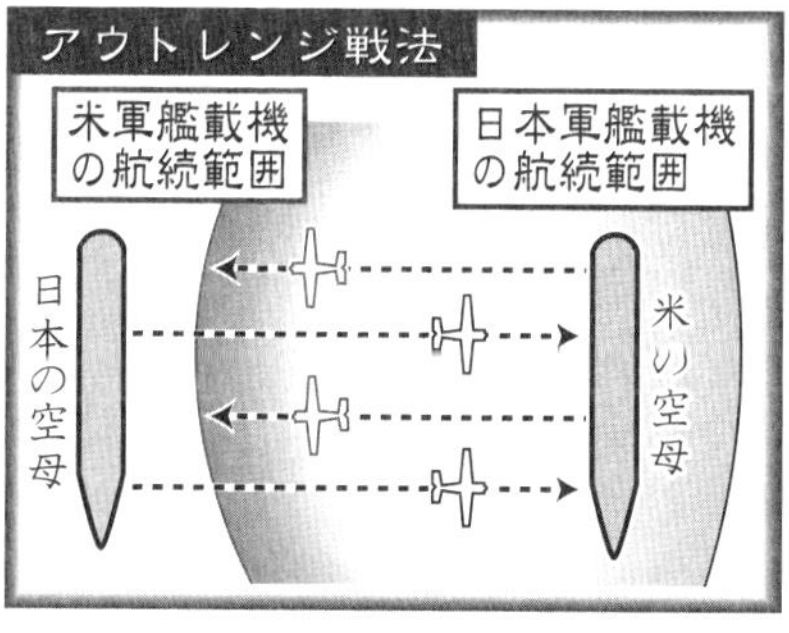

航空母艦の「大鳳」(川崎重工業提供)

張ってくれ」。出水は味方の航空機の奮闘を祈った。

午前8時すぎ、出水は突き上げるような揺れを感じた。米潜水艦の放った1発の魚雷が大鳳を直撃した。艦内は騒然としたが、しばらくして「戦闘に支障なし。総員奮闘せよ」と指示が伝えられた。航行速度も戻り、出水は「大丈夫」と思った。

数時間後、2度目の衝撃に襲われた。桁違いの揺れだった。先の魚雷で燃料タンクからガスが漏れ、艦内に充満し、爆発したとされる。煙や炎、倒れたけが人らで修羅場と化し、艦が傾き始めた。「終わりだ」。沈没を覚悟した出水の脳裏に、八尾の両親の顔がちらついた。

退艦命令が出た。艦橋にいた上官が別の艦に移るのを手伝い、最後にボートに乗ることができた。大鳳は渦を巻きながら海中に沈んでいった。日本の命運を握ると言われた不沈空母の無残な最期だった。

乗組員はその後、広島の海兵団の兵舎に連れて行かれ、監禁状態に置かれた。機密漏洩《ろうえい》防止という名目だったが、実際は大敗を隠すためだった。壊滅的な敗北を経て出水は思った。「日本は負ける」。仲間も同じ気持ちだと想像したが、口外はできなかった。

・ ・

マリアナ沖海戦で、日本は大鳳を含め3隻の空母を失い、艦載機の大半が撃墜された。日本が、本土防衛のため死守すべきとしたエリア「絶対国防圏」内のサイパンも直後に陥落。米軍の日本爆撃の基地となり、翌45（昭和20）年8月、B29が富山市街を焼き尽くす。

海戦敗北の理由はいくつも挙げられている。無理な作戦、航空機の性能、搭乗員の練度…。大鳳撃沈には、艦の構造や魚雷を受けた後の対処に、問題があったとする声もある。

出水は証言する。「精神論で補いきれないほどの物量の差があった」「電探の差が大きかった」。日本の最先端の技術を集めた大鳳は米潜水艦に気付けなかった。一方、米軍はレーダーで日本側の動きを察知。上空で零戦などを待ち伏せし、飛来するとことごとく撃ち落とした。

攻撃から戻ってきた艦載機を出水は見た。着艦しようにも空母はない。力尽きたように海に不時着し、沈んだ。「どうすることもできんかった」。出水は目を伏せた。

3 インパール作戦

山脈越えの強行軍

「食料も弾丸もなしで、ビルマの戦地に出された主人のことを思い、書き残した物を孫に送ってもらうことにしました」

取材班に封書が届いた。差出人は射水市津幡江（新湊）に住む佐伯カホル（92）と、孫の美香（25）。鉛筆書きのカホルの手紙と、A4判25枚のワープロ打ちの原稿が納まっていた。

原稿のタイトルは「従軍回顧記」。2014（平成26）年10月に92歳で亡くなったカホルの夫、光雄が「インパール作戦」に加わった体験を書き残したものだった。

作戦は、ビルマ（現ミャンマー）を占領していた日本軍が、英領だったインド北東部の都市インパールの攻略を狙ったものだ。英軍の攻撃からビルマを守り、連合国側から中国側に物資を補給するルートを遮断することが、目的だったとされる。

計約10万人が戦闘しながら、標高2千メートルを超えるアラカン山脈を越えて、300キロ以上歩く強行軍。今で言えば、富山から北アルプスを越えて山梨に向かうようなものだ。無謀な作戦は、参加した三つの師団を指揮した第15軍司令官の牟田口廉也《むたぐちれんや》が、強硬に押し進めたとされる。

進撃の開始は1944（昭和19）年3月8日。航空母艦「大鳳」が沈められたマリアナ沖海戦の3カ月前に当たる。

22歳だった佐伯光雄が所属した第31師団「右突進隊」は、インパールの北にある要衝コヒマの侵攻を目指した。回顧記には、兵器や弾薬、2週間分の食料である米など重い荷物を背負って山路を進む苦労や、英軍の圧倒的な火力に打ちひしがれる部隊の様子が記されていた。

多くの死者を出しながらも部隊は進

インパール作戦の回顧記を残した故佐伯光雄さんの遺影を手にする妻のカホルさん＝射水市津幡江

み続け、3週間ほどでコヒマ周辺にたどり着いた。一見、敵に迫っているようだが、現実は違う。回顧記からは、部隊が日に日に窮地に陥っていった様子が分かる。

食事は1日1回。補給がないため米と「ジャングル野菜」と呼んでいた食用の草を一緒に炊いて食べた。「お互いに顔さえ見ると食べたい話ばかりで（中略）まさに皆が餓鬼《がき》そのものばかりとなりました」

一方の英軍には、佐伯らが「ナマズ」と呼んでいた輸送機から、パラシュートを付けた食料や弾薬が次々と届けられた。日増しに激しくなっていく敵の砲撃。だが、佐伯の部隊は弾も尽き、1日に2、3発撃ち返すのが精いっぱいだった。

「軍律と今迄《いままで》叩《たた》き込まれてきた大和魂の為《ため》なのか、最後は肉弾となる悲壮な覚悟をせずにはいられませんでした」

佐伯らは死を意識していた。

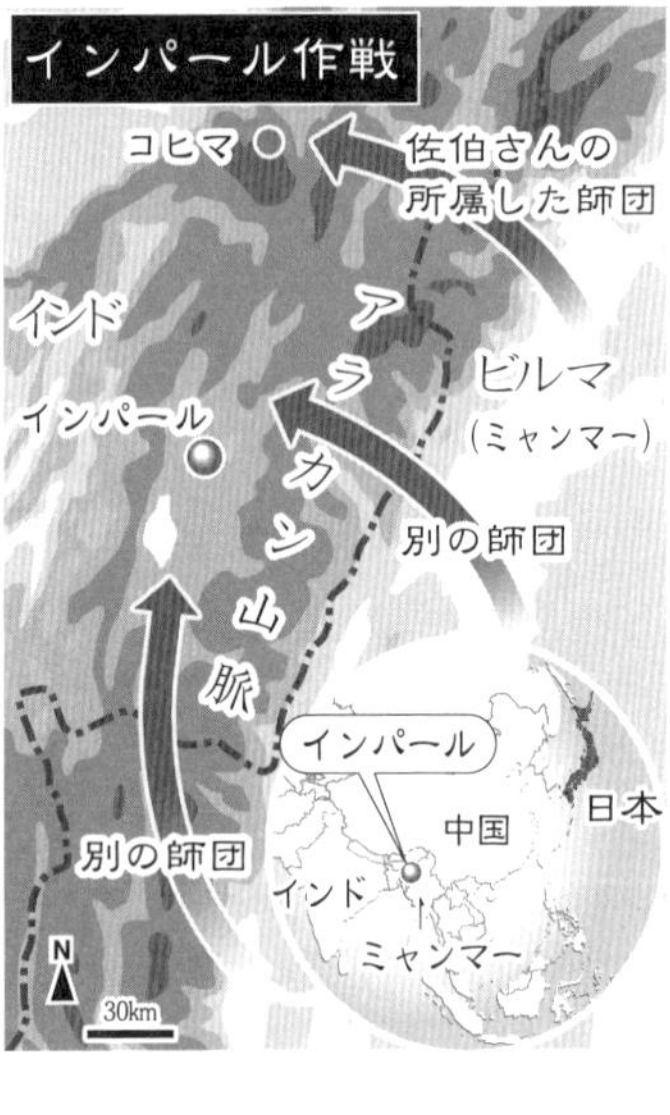

6月、突如撤退が決まった。第31師団の佐藤幸徳師団長が牟田口の意向に背き、独断で撤退を指示。補給がなかったこと、コヒマからさらに北に侵攻しろという構想にない命令が下され、たまりかねた結果という。師団長が司令官の命令に公然と抵抗することは日本陸軍始まって以来の異常事態だった。

「おかげにより多数の命を助けていただいた」と、佐伯は書いた。しかし、食料が乏しいままの退却は、さらなる悲劇の始まりでもあった。

4 白骨街道

補給途絶え死の敗走

1944（昭和19）年6月、インドとビルマ（現ミャンマー）の国境付近は雨期に入っていた。降りしきる雨で川のようになった山道を今にも倒れそうな兵が歩いていく。路傍には骨と化した遺体が連なる。インパール作戦に加わった佐伯は、「白骨街道」と呼ばれた敗走路の惨状を書き残していた。

山岳地帯で補給を絶たれ、兵士たちは飢餓と疲労で極限状態にあった。銃を捨て、ふらふらと進むだけでやっと。時々、山中に爆発音が響いた。自決に使った手榴弾《しゅりゅう》弾の音だ。「地獄とは此《こ》のことか」。佐伯は記した。

道端には遺体と一緒に、虫の息となった人々が並んでいた。「連れて行ってくれ…」。だが、誰も手を貸す余力がない。戦後、佐伯は何度も妻のカホルに語ったという。「連れて帰ってやりたかった」と。

英軍と対照的に、武器や食料がほとんど届かなかったことが、インパールの悲劇を招いた。そもそも最初から、後方支援を無視した無謀な作戦だった。

当時の補給の実情を知る人がいた。砺波市庄川町五ケの倉田外丸（98）は、自動車隊に所属し、ビルマで物資の輸送に携わっていた。自宅を訪ねると、自筆の体験記を手に当時を振

インパール作戦を紹介する雑誌に掲載された写真。上は擬装した車両の列、下は行軍の様子（国立公文書館所蔵）

り返ってくれた。

ビルマに入った42（昭和17）年当初、補給作業は順調だった。しかし、インパール作戦が始まる半年余り前の43年夏ごろから敵機の爆撃が強まり、トラックが銃撃を受けることが増えた。飛行機から見えない夜間しか輸送できず、車の音が響くことを恐れて、積み荷を背負って運ぶこともあった。

「まっで飛行機でやられた」。話の途中、倉田は声を震わせた。輸送のたびに襲撃を受け、次々と仲間が命を落とす。敵襲を恐れて空を見上げる日々。「どれだけ日の丸を付けた飛行機を待っていたことか」。だが、「ただの一機もこなかった」。

制空権を奪われて交通はまひし、動く自動車もなくなる。届けるべき荷は戦局悪化で港に到着しない。山岳地帯の前線に十分な物資を送ることなんて、あたうはずもなかった。


最後は倉田ら補給部隊も敗走した。草木がうっそうと茂る道なき道を一列になって進む。前の者の背中を見失うことは、死を意味した。休憩することもままならない。「一度座ったら、『ああ楽だ』と思っているうちに死んでしまう」

倉田は道ばたに倒れた遺体の惨状を語り、「残酷なものをたくさん見ました」と言って目を閉じた。「みんな日本に帰れば父も母もいる人たちだ。手を合わせてあげればよかった。でも、できなかった。かわいそうと思う力さえ残っていなかった」

インパール作戦の中止命令が出たのは、44（昭和19）年7月。その後も多くが命を落とし、戦死者は約3万人ともいわれる。マリアナ沖海戦の敗北、サイパン島陥落、インパール作戦の失敗…。戦線が次々と崩壊し、東条英機内閣は7月18日に総辞職した。それでもまだ、戦いは終わらなかった。

5 特殊潜航艇

死覚悟し出撃待つ

「真っ黒い大きな雲が、山の向こうから湧き上がっていました」。天池實（88）＝小矢部市埴生＝が、70年前の8月6日に見た光景を語った。当時19歳。広島県の倉橋島にあった海軍の大浦基地にいた。「ガスタンクが爆発したらしい」などとうわさしていると数日後、「特殊爆弾」という言葉が耳に入ってきた。天池が見たのは原爆投下直後の広島の空だった。

基地と広島の市街地との距離は30キロほど。未知の爆弾の存在を知っても、恐怖は感じなかったと言う。「当時の頭の中は皇国《みくに》のための一心だった。今から思えば不思議な話だが、命を落とすことを恐ろしいとは思わなくなっていた」

天池は特殊潜航艇「蛟龍《こうりゅう》」の部隊に所属。本土を守るため出撃する日を心待ちにしていたと言う。

1944（昭和19）年6月にマリアナ沖海戦で敗北し、7月には「絶対国防圏」のサイパン島が陥落した。海軍はこれ以上の進攻を食い止めようと、10月のフィリピン・レイテ沖海戦で、航空機による自爆攻撃を初めて組織的に実行した。これが「特攻」の始まりと言われる。しかし、軍は実際はそれ以前から特攻を研究していた。海軍が秘密裏に試作した特殊兵器は9種類。蛟龍は、人間魚雷「回天」や水上特攻ボート「震洋」などとともに開発されたと言われる。

艇は全長約26メートルの5人乗り。爆弾を積んで体当たりする回天などと違い、魚雷を2発積んでいる。ただ、戦闘となれば敵の至近距離まで迫らねばならず、機動力も普通の潜水艦に比べて劣る。攻撃後の生還は容易ではなく、天池は「事実上の特攻艇だった」と言う。

「飛行機乗りになるつもりだったから、海に潜ることになるとは思いもしなかった」。天池が振り返った。高岡商業学校時代に志願。海軍甲種飛行予科練習生となり、奈良にあった航空隊の基地

蛟龍の写真を手に終戦前の出来事を語る天池さん
＝小矢部市埴生

などでパイロットを目指し厳しい訓練を受けた。

44年8月、練習生に集合がかかる。上官が問うた。「我こそは先頭に立って戦地に行く者はいないか」「飛行機はもうない。特殊兵器ができたので、その隊に加わらないか」。詳しい内容は分からない。それでも天池は配られた紙に迷わず丸を書いて提出した。大浦の蛟龍隊への配属が決まった。

◆

「とにかく一刻も早く戦地へ行きたかった」と天池は言う。「出撃命令を受けた者は、隊の中で大手を振って歩いていた」とも。当時の若者たちは、なぜそのような心境になったのだろう――。

「今振り返れば不思議だねえ」。天池はしばらく考えてから答えた。「教育とはなんちゅう恐ろしいものかということだ」

天池は1926（大正15）年生まれ。幼いころから軍国主義の下で育ち、予科練でも徹底して軍人精神をたたき込まれた。「確かに志願したが、選択の余地はなかったと言う方が正しいのかもしれない」

6 敗戦

「ああ　おらの家だ」

1945（昭和20）年8月15日、敗戦。天池實＝当時19歳＝は特殊潜航艇「蛟龍《こうりゅう》」の息も詰まるような狭い艇内で、その日を迎えた。5人乗りの蛟龍は本土決戦に備え、瀬戸内海を出て外洋の警備をしている最中だった。

「情けない」「皆、殺される」。敗戦を知らされ、天池の脳裏を二つの思いが駆け巡った。広島県にある大浦基地へ戻る途中、艇長は無人島に向け、魚雷の発射を指示した。基地から命令があったのか、艇長が「武器はもう必要ない」と考えたのか、理由は分からない。

発射直後、艇はバランスを崩し、ものすごい勢いで海面に浮上した。戦場なら発見され、撃沈されていた。「事実上の特攻艇」だけに、艇の構造に問題があったのだろう。70年の歳月を経て88歳になった天池は思う。「攻撃した後のことなど、考えていなかった。思えば幼稚な戦争だった」

航空母艦「大鳳」の乗組員、出水秋夫＝当時17歳＝は、神奈川県にあった海軍電測学校で玉音放送を聞いた。大鳳の沈没後、一時監禁状態に置かれ、それから配置換えになっていた。マリアナ沖海戦で米軍との力の差を知った出水は、「来るべきものが来た」と受け止めた。ただ、無念だったのは、一緒に生還した仲間がその後、輸送船などに回され、何人も命を落としていったことだ。

87歳の出水は「今、命があるのはただ運が良かっただけだ。軍国主義は失敗だ。してはいけない戦争だった」と言葉をかみしめた。

インパール作戦の補給に当たった倉田外丸＝当時28歳＝は、白骨街道と化したビルマ（現ミャンマー）から、命からがらたどり着いたタイで敗戦を聞かされた。「ああ、そうか」としか思わなかった。心身は極度に衰弱し、明日をも知れぬ身には変わりなかった。

46（昭和21）年7月、故郷に戻った。上野駅から列車を乗り継ぎ、自宅近くの青島町駅に着いた。偶然居合わせた近所の娘に、帰還を家族に伝えてと頼んだ。家路を歩き始めると父と母と妻が向こうから駆けて来た。

「あなた分かりますか」。98歳の倉田が声を振り絞る。「その時、少しもうれしくなかった。再び家の敷居をまたぐことができたなら、死んでもいいと思っていたのに」。駆け寄る家族の背後に二つの人影が見えた。「敵だ」と思い身構えたが、田んぼに立つ住民だった。「『戦争の気《け》』が抜けていなかった」

手書きの体験記を手に復員時の心境を語る倉田さん＝砺波市庄川町五ケ

家に入ると、母は「のらい（如来）さまのおかげやぞ」と言って仏壇の扉を開け、倉田の手をとって合掌させた。しばらく拝んだ後、振り返って言葉を失った。母が両手を振り上げて泣いていた。父も、妻も。「ああ、おらの家だ」。倉田も泣いた。長過ぎた戦争がようやく終わった。

第8章　烈火の夜

1 日本國民に告ぐ

ビラ投下し空襲予告

富山大空襲の市街地破壊率は99・5%。空襲被災都市の中では異常な高さだった。燃えさかる街にいた市民と共に、当時を振り返る。

（中谷　巌、島津あかね）

1945（昭和20）年8月1日は水曜日だった。見上げると真夏の青空が広がっていた。

富山市岩瀬表町で暮らしていた毛利保は当時12歳。いつものように友だちと近くの岩瀬浜に行った。海水浴を楽しんでいると、いかめしい制服姿の男が近づいてくる。憲兵だった。

「お前ら。あの紙、取ってこい」。遊ぶことに夢中だったせいか言われて初めて、波打ち際から50メートルほど離れた所に、紙切れがびっしりと浮いているのに気付いた。泳いで沖に向かった。

B5判ほどの紙をひとつかみして浜に戻った。憲兵に渡す前に目を通す。焼《しょう》夷《い》弾《だん》を落とす爆撃機B29の写真と「富山」をはじめとする都市名がずらり。裏返すと文章がある。タイトルは「日本國民《こくみん》に告ぐ」。空襲の予告や「アメリカの敵は日本国民ではなく軍部」などと記されていた。

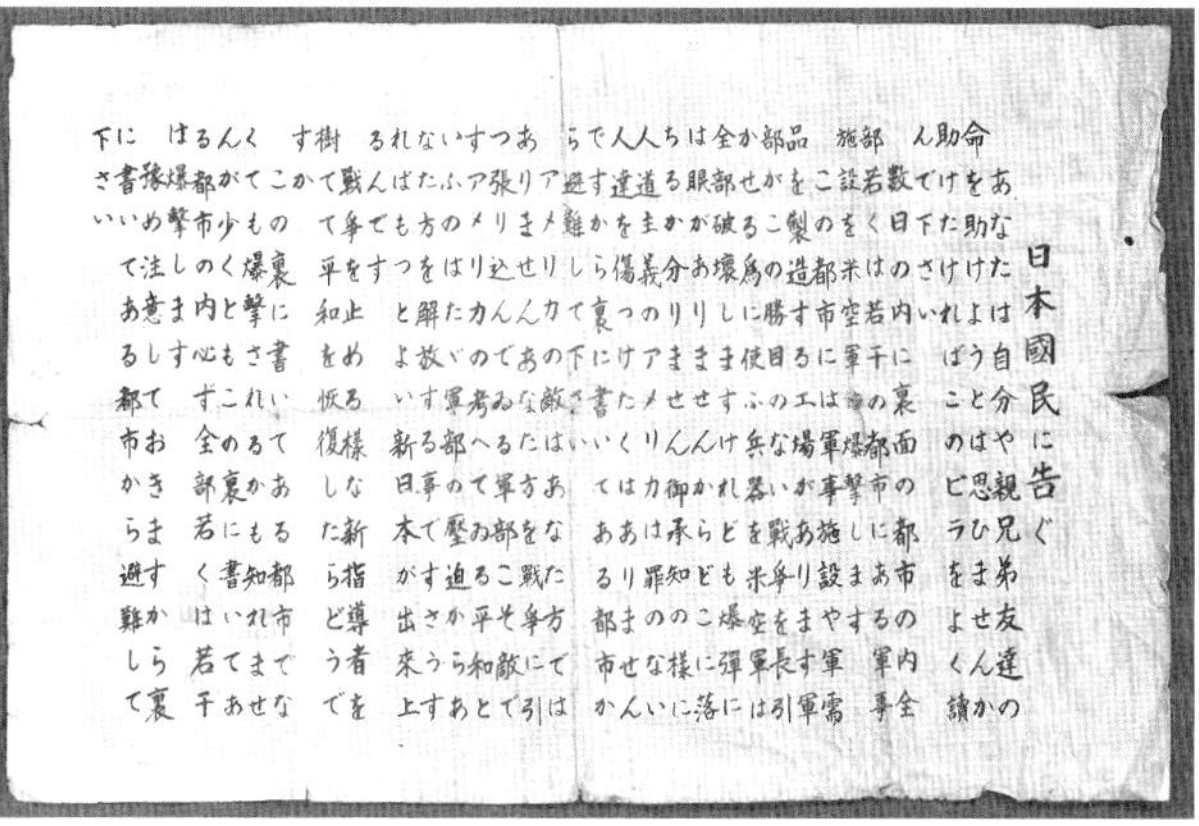

日本國民に告ぐ

あなたは自分や親兄弟友達の命を助けようとは思ひませんか助けたければこのビラをよく讀んで下さい

数日の内に裏面の都市の内全部若くは若干の都市にある軍事施設を米空軍は爆撃します

この都市には軍事施設や軍需品を製造する工場があります軍部がこの勝目のない戦争を長引かせる為に使ふ兵器を米空軍は全部破壊しますけれども爆弾には眼がありませんからどこに落ちるか分りません御承知の様に人道主義のアメリカは罪のない人達を傷つけたくはありませんですから裏に書いてある都市から避難して下さい

アメリカの敵はあなた方ではありませんあなた方を戦争に引つ張り込んでゐる軍部こそ敵ですアメリカの考へてゐる平和といふのはたゞ軍部の壓迫からあなた方を解放する事ですさうすればもつとよい新日本が出来上るんです

戦争を止める様な新指導者を樹てて平和を恢復したらどうですか

この裏に書いてある都市でなくても爆撃されるかも知れませんが少くともこの裏に書いてある都市の内必ず全部若くは若干は爆撃します

豫め注意しておきますから裏に書いてある都市から避難して下さい

米軍が富山市に散布した空襲予告ビラ。上が表面、下が裏面　（県公文書館所蔵）

「あぁ、富山も近いんだな」

子どもながらも、攻撃が迫っていることを漠然と感じた。


ミッドウェー海戦で大敗した日本は、次第に主導権を米国に奪われていく。44（昭和19）年夏、主戦場はサイパンやグアムなどがあるマリアナ諸島へ。日本は諸島の死守を期した。Ｂ29による本土空襲の拠点にされることを懸念したためだ。だが、サイパンはひと月もたたずに陥落。他の島も次々制圧された。

米軍はマリアナ諸島に六つの基地を建設し、空襲を本格化。日本の木造家屋に合わせ、燃え広がりやすいように油脂などを詰めた焼夷弾を低空から大量に落とした。45年3月10日の東京大空襲を手始めに、名古屋、大阪、神戸を火の海にした。

国立国会図書館が保存する米軍資料によると、空襲目標の都市は、40年の国勢調査データに基づいて選んだ。人口順に１８０都市をリストアップし、約12万7千人の富山市は36番目。原爆投下の対象やＢ29の航続距離などから数を絞り、最終的に１３７都市に狙いを定めた。

◆

県内の戦災といえば「富山大空襲」が真っ先に思い浮かぶ。しかし、調べてみると、5月から攻撃は本格化していた。

まずは伏木港。日本海側の物資補給路を断とうとする米軍の標的になり、5月から2カ月間、8回にわたり機雷が放たれた。6月16日と7月16日には新湊が空襲に遭い、40人余りが犠牲に。7月下旬には富山市内に、広島や長崎に原爆を落とす訓練として爆弾4発が投下された。

日本国民の戦意を喪失させようと、空襲予告のビラもまかれた。米軍資料によると、7月31日午後8時半すぎには富山市内で4万枚余りを投下した。

だが、警察や警防団が即座に回収した。「発表を絶対に信頼し、勝手に想像して喋《しゃべ》ったり、見たり聞いたりしたことでも軽々しく、書いたり話したりすることはデマの因《もと》となる」。政府作成の「時局防空必携」にある。当局の情報以外を流言飛語とし、みだりに広めることを戒めていた。

岩瀬浜でビラを目にした毛利は、家に帰っても黙っていた。「大人を動揺させるような情報をむやみに話せば、不穏分子扱いされかねない。子どもだったけど、肌身でそんな雰囲気を感じていたんだと思います」。現在、富山市豊島町に住む毛利は82歳になった今、そう語る。

8月1日夜、B29の編隊が県内上空に差し掛かった。塚原村川口（現・射水市川口）では、試験投下なのか焼夷弾を落とした。金属部品が覚正寺の本堂などを貫通したほか、すぐ裏手の農家から大きな火柱が上がり、2軒が全焼した。

国道8号沿いの川口に足を運び、覚正寺住職の二山文夫（73）を訪ねた。当時はまだ幼かったが、断片的な記憶が焼き付いていると言う。「空襲警報が鳴ったんでしょう。祖母に手を引かれて外に出ると、ものすごく明るい月夜だった。飛行機は『ゴィーン、ゴィーン』とすごい音で。夏枯れした小川に近所の人たちがみんな伏せていた。焼夷弾の強烈な油の臭いは、今でもはっきり分かりますよ」

編隊は午後10時前、富山市に接近。警報のサイレンが鳴り響いたが、おびえる市民に肩すかしを食らわせるように、B29は素通りしていった。

焼夷弾の金属部品が落ちた覚正寺本堂の屋根を指す二山住職
＝射水市川口

2 0時36分投下

「この世の地獄」始まる

国鉄富山駅にほど近い神通川右岸にある富山市神通町。木造の一軒家に住む12歳の村山昇は不安でいっぱいだった。1945（昭和20）年8月。時計の針は2日午前0時をまたいだばかり。1時間ほど前に空襲警報が解除されたが、家族はすぐに逃げられるよう備えていた。

「B29が金沢を北進中」

部屋は灯火管制で薄暗い。ラジオが敵機来襲を報じる。「富山に来る」。家族の誰かがそう口にした途端、爆撃音が響いた。外に出ると、周囲はすでに火の海だ。慌ててすぐ近くの防空壕《ごう》に飛び込んだ。「そんなところにおったら焼け死ぬぞ！」。どこからともなく聞こえた叫び声で、一家は壕を飛び出した。

火を上げる焼夷弾を左右によけながら、100メートルほど離れた堤防に駆け上がる。焼夷弾の油脂が炎を上げて水面を流れていた。河原に横たわる遺体、肉が張り裂けて苦しむ女

北マリアナ諸島に着陸する爆撃機B29＝1945年8月（AP＝共同）

性…。「この世の地獄や」。恐れおののき、無心で家族と走り続けた。

・━・

米軍資料や富山市史などによると、1日夜から2日未明にかけ富山市上空をB29の二つの編隊が通った。最初は第313航空団の120機余り。1日午後9時50分ごろに空襲警報が鳴り、この音で村山の一家は避難に備えた。だが、新潟県長岡市の空襲が目的のため富山市は通り過ぎる。同11時近くに警報も解除。次いで2日午前0時すぎに飛来したのが、富山を狙った第73航空団の182機だ。

B29は米国が39（昭和14）年から、ドイツを仮想敵国に開発を始めた爆撃機だ。41年の太平洋戦争開戦で、標的は日本へ。全長30メートル、全幅43メートル。いま富山—東京便で使用されるボーイング738の全長40メートル、全幅36メートルと同じようなサイズだ。航続可能距離は6千キロを優に超えると言われ、サイパン島などを拠点に、幾度となく日本本土に向けて出撃した。

第73航空団は日本時間8月1日午後5時半、サイパン島を離陸した。長岡を目指す第313航空団と同じ硫黄島や琵琶湖上空を経由し、約7時間かけて富山にたどり着いた。そして2日午前0時36分、投下が始まる。

82歳になった村山の話を聞こうと、富山市犬島の自宅を訪ねた。70年前の証言は惨事に及ぶと熱がこもる。

焼夷弾は「ヒュルヒュル」と音を立てて落ちるが、近くに迫ると「シャシャシャシャ」に変わると言う。逃げる時は音で距離をつかみ、よけながら走った。間一髪で3メートルほど移動すると、

70年前を回想する村山さん
＝富山市犬島

元の場所には焼夷弾が突き刺さっていた。判断を間違えれば命はなかった。

混乱の中で、そんなことができるのか――。驚きつつ尋ねると、「聞き分けられん人は、当たって死ぬがよ。今の若い人たちには想像もつかんやろうね」。

駅や学校など烈火は全てを包み込んだ。負傷者を手当てするはずの富山赤十字病院も例外ではなかった。

3 病院が標的に

予期せぬ避難で戸惑い

富山市東田地方町の交差点近くを、坂倉ナミ（87）＝同市奥井町＝と巡った。富山大空襲の記憶をたどってもらうためだ。「この角を曲がって、ずっと走ったの」。大通りから入った小路の突き当たりに奥田用水があった。

ナミは炎から逃れるため、一夜を明かした川があると言う。だが、この用水ではなかった。「線路沿いに歩いた帰り道、稲荷鉱泉が見えたはず」とつぶやく。近くに行けば、何か分かるかもしれないと東へ進み、稲荷鉱泉のさらに東にある稲荷公園に着いた。

そばを流れる赤江川を眺めていると、ナミの顔つきが変わった。思い出したように語り始める。「なだらかな草の斜面だったのに、護岸工事がされたのね。でも、川幅は変わらないわ」。周囲には家屋や北陸新幹線の高架が並ぶ。田んぼに囲まれていた70年前の影はなかった。

1945（昭和20）年、ナミは日本赤十字社富山支部の救護看護婦養成所に通っていた。当時17歳で2年生。東田地方町には養成所と病院、学生寮があった。日赤の看護婦は、従軍看護婦として、軍の病院や病院船で働く貴重な存在だ。養成所はコースの増加と養成期間の短縮で育成を急いだ。

大都市での空襲が始まり、軍需工場がある富山も標的になり得ると、日赤富山支部は考えた。支部の記録によると、6月下旬から器具や薬剤を国民学校などに分散。入院患者も重症者を除いて避難させていた。

空襲に備え、訓練もした。空襲警報が発令されれば、看護婦らは病棟などの持ち場に分かれる。看護学生は寮から駆け付け、婦長の指示に従う。ただ、ナミは病院敷地外への避難訓練の記憶はないという。「敷地外に逃げなければならないほど攻撃されるとは考えなかった。赤十字は安全だと、みんなどこかで考えていたのかも」

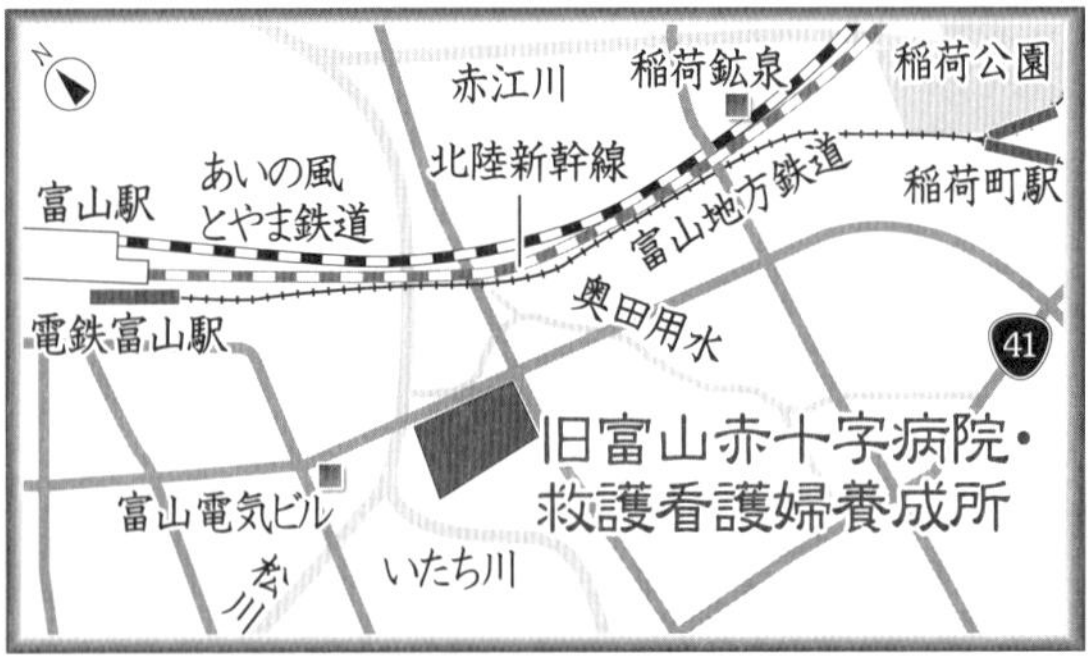

8月2日未明、富山駅の方で爆音がした。病院内にいたナミは、他の学生と一緒に婦長の指示で防空壕《ごう》に逃げた。「出なさい」。男性の叫び声が聞こえた。壕で焼け死ぬことを心配したのだろう。「出たはいいけど、誰も誘導してくれない。どこに行けばいいのか戸惑った」

富山連隊の隊員に教わったことを思い出した。腕を斜め上に伸ばした先で、向かってくる敵機が爆弾を投下すると、自分の方に落ちてくるというものだ。飛行機の進行方向を把握し、同級生と2人で東に走った。何度も立ち止まり、真っ赤な空を見上げて敵機の位置を確認した。

ナミが後にした病院や養成所は、一夜ですべて焼失した。

赤江川の川辺で、富山大空襲を振り返るナミさん。そばには北陸新幹線の高架やあいの風とやま鉄道の踏切がある＝富山市稲荷園町

すっかり景観が変わった赤江川を見ながら、ナミは続けた。「川を渡ってもっと遠くへ逃げたかった。でも、遠くにも火が見え『富山は囲まれたんやな』って諦めた」。ちょうど、あいの風とやま鉄道の列車がガタゴトと走っていく。「あの夜も長い貨物列車が東に走っていって、乗せてほしいと思ったのよ」

その列車を運転していたのは機関士見習いの青年だった。

4 焼夷弾の雨

軍の貨物列車　死守

1945（昭和20）年8月1日午後9時50分ごろ、富山市内に空襲警報が鳴った。国鉄富山駅の構内に止めた機関車の中で、18歳の機関士見習い、竹本広は途方に暮れていた。運転していた機関士が警報とともに逃げ出し、独り残されたからだ。

助役が来た。「貨車を避難させてくれ」。見習いだけでは列車を動かしてはいけない。断ると、助役は続けた。「軍の貨物列車だから」。米や大豆などが入っているという。「お国のためになるなら」とも思い、「助役が責任をとるなら動かします」と了承した。

46両ある貨車の先頭に、乗っていた機関車を連結。いたち川に架かる橋の近くの駅敷地の東端に移動した。再度の警報の後の2日午前0時36分、米軍のB29が焼夷弾の投下を開始。竹本は意外に冷静だった。機関士の教習所があった名古屋で、空襲を経験していたからだ。

だが、想像を超えて炎は広がる。駅から逃げてきた5人ほどの職員が列車の出発をせかした。魚津方面に走り出したが、焼夷弾は容赦しない。稲荷鉱泉近くと、赤江川を過ぎた辺りで貨車に命中した。燃えた車両を切り離し、列車を走らせた。

機関車の石炭の上にも落ちた。石炭をかけて火を消そうとする駅の職員を制止し、焼夷弾をシャベルですくい上げてかまの中へ放り込み、進行を続けた。竹本は富山駅から3キロほど進んだ所で列車を止め、後ろを振り返った。街は真っ赤に染まっていた。これだけ燃えると後には何も残らないと分かってはいたが、何度も祈らずにはいられなかった。

「早く、火、消えてくれ…」

空襲時に列車を運転していた竹本さん＝富山市宝町

焼夷弾の中を走る列車を赤江川の中で見ていたのが、看護学生だった坂倉ナミだった。運転していたのが竹本。いまは88歳になり、同市宝町に住んでいる。自宅を訪ねると、図を書きながら70年前の記憶を丁寧に掘り起こしてくれた。

富山大空襲で投下された焼夷弾（荘厳寺所蔵）

45（昭和20）年3月10日の東京大空襲をはじめとする大都市空襲の後、米軍は6月中旬から中小都市への攻撃を加速させる。B29が一晩に複数都市に向けて出発。目的の市街地上空で、短時間に主に焼夷弾を大量投下し、木造家屋を一気に焼き払った。

国立国会図書館所蔵の米軍資料によると、富山大空襲で使われた焼夷弾は4種類。ガソリンなどをゼリー状にした混合物や、高熱で燃えるマグネシウム合金がそれぞれ詰まっている。

富山で最も多かったのは「M17集束焼夷弾」だ。集束焼夷弾は「親弾」が空中で分解し、束ねていた「子焼夷弾」がばらばらに落下する。

M17の「子焼夷弾」は110本。マグネシウム合金が詰まった直径5センチ、長さ35センチの六角形の細長い棒だ。

富山に襲来した182機のB29のうち174機が、1時間51分の間に51万発超の焼夷弾を投下した。その残骸が富山市奥田町の荘厳寺にあると聞き、足を運んだ。途中で折れており、長さは25センチほど。六角形で、持つとずっしり重い。これが燃えながら雨のように降ってくるのだ。火の海、地獄…。体験者がそう表現するのが分かる気がした。

5 電話局

懸命の消火　焼け残る

一つ、また一つと赤いランプがつき、電話回線が次々と断たれていることを知らせる。1945（昭和20）年8月2日未明、富山市木町（現・荒町）の富山郵便局電話課分室。鉄筋コンクリート3階建て局舎の3階で、交換台の前に座る成田宏子らの緊張感は高まっていった。

「富山さん、富山さん、東の空が真っ赤だよ。燃えてるんじゃない？　大丈夫？」

高岡など他局から連絡が入る。防火シャッターを下ろした室内にいると外の様子は分からないが、辺りは既に火の海らしい。窓の隙間から入ってくる火の粉で、異様さは伝わってきた。

「富山は今、空襲で焼けています。でも局舎は大丈夫。頑張ります」。成田らは気丈に電話交換を続けた。

大量の焼夷弾を浴びた富山市中心部で、焼け残った建物がいくつかある。富山大和や県庁、富山電気ビルなどが知られ、「電話局」とよく言われた富山郵便局電話課分室もその一つ。宿直職員約15人が夜を徹した消火作業で局舎を守り切った。

もうすぐ93歳になる成田。「あれだけの経験をすれば、忘れようとしても忘れられるもんでないね」。富山市内の自宅で被災体験を聞くと、70年たった今でも記憶は鮮明だった。

当時は宿直をしなくてもいい業務だったが、1日は代理を頼まれた。男性上司や後輩の若い女性ら十数人と夜勤に臨んだ。

通信施設は敵軍の標的になるため、警戒警報が鳴るたび、兵士が局舎防衛のため駆け付けた。だが、空襲時は猛火に対処しきれなかったのか、すぐに姿が消えた。室内に舞い込む火の粉が燃え移らないよう、灯火管制用の暗幕を窓から引きちぎり、手が空いた職員がバケツを使って消火に当たった。

午前1時半ごろには最後までつながっていた金沢との回線が途切れた。空襲開始から約1時間後だ。成田らは交換台を離れたが、外に出られない。局舎裏手の土蔵が燃え、炎の勢いのため強い上昇気流が起き、通用口の分厚い鉄の扉が外に向かって開こうとした。「火風《ひかぜ》と言って、海鳴りみたいに『ボォーッ』って」。扉が開けば炎が中に及ぶ。成田ら3人は手を重ねてドアノブをつかみ、外へ吸い込まれそうになるのに耐えながら必死に引っ張り、扉を閉めた。

「コンクリートが焼けて、熱くって熱くって、中にいられないの」。満水にしていた宿直用の風呂に服を着たまま漬かり、再びバケツリレー。火の手が弱まるまで延々と繰り返した。

◆

空襲当夜、局舎にいた職員のほとんどが14、15歳から22歳までの若い女性だった。死が迫り来るような状況の中、逃げ出そうとは考えなかったのか──。

「私自身、時々考えてね。若い人はどうして残ってくれたんだろうかと。市民全員が毎日、防火練習とかやっとるうちに、守ろうという気持ちになったんでなかろうかね。特攻隊の人と比べたら申し訳ないけど、みんなそういう気持ちに置かれとったんじゃないかね」

紛れもなく街は戦場だった。

空襲直後の市街地。道路右側にあるのが焼け残った富山郵便局電話課分室の建物。その奥は富山大和。道路中央は市電のレール

6 がれきの山

街や市民を標的に

烈火は消えた。１９４５（昭和20）年８月２日、富山市木町（現・荒町）の富山郵便局電話課分室。午前４時すぎだろうか、東の空は白み始めていた。鉄筋コンクリート３階建ての局舎で同僚と消火に追われ、火の海の真ん中で一夜を過ごした成田宏子（93）＝富山市＝は、ようやく一息つくことができた。

街の様子を確認しようと向かった屋上には、無数の焼夷弾《しょういだん》が突き刺さっていた。周りに目をやると、見渡す限りの焼け野原。動く人影はなく、静かだった。

「生きとる人はおらんのだろうか…」。自分たちだけが世界に取り残された気がした。涙があふれ、同僚と無言で手を取り合った。

◆

国立国会図書館所蔵の米軍の作戦任務報告書を調べてみた。２日午前０時36分から午前２

時27分までに、焼夷弾は計約52万発落とされた。当時の人口で換算すると、市民1人当たり5発に上る。狙った市街地域のうち99・5%を破壊したとある。比率は、国内の被災都市で最も高い。

米軍の夜間の空襲作戦は、まず先導機に攻撃させ、後続の本隊はその火災を目標にする方法を取っていた。標的とする範囲の中心「爆撃中心点」を事前に定め、半径約1・2キロの円内に全投下量の半分が落ちると予測していた。

富山市の場合、中心点を富山城址の南東角に設定した。米軍資料は、人口密度が高く、企業の本社や行政機関が集中し、かつ鉄道などにも攻撃を加えられる、密集地帯を狙うとしている。標的は郊外の軍事施設や軍需工場ではなく、明らかに街であり、人だった。

米軍が攻撃範囲の中心点とした富山城の南東角周辺

焼け野原となった8月2日朝の富山市内。右奥の建物は富山大和＝富山電気ビル屋上から撮影

富山市神通町の自宅から避難した村山昇は、神通川沿いで朝を迎えた。にぎやかだった街は一変していた。「堤防に上がったら、びっくりした。なんにもないが。のっぺらぼうのようやった」。富山大橋近くの河原には信じられない数の、膨れ上がった死体が並んでいた。「よう焼いたもんだの」。父のつぶやきが聞こえた。

日本赤十字社富山支部病院救護看護婦養成所の学生だった坂倉ナミは午前4時ごろ、漬かっていた川を出て、病院に向かった。高熱を蓄えたアスファルト、道端の焼け焦げた死体…。「自分もこうなっていたかもと思い、『熱かったでしょう』と、言葉になららない思いがこみ上げた。心が無になると言うか、『助かって良かった』なんて軽い言葉じゃ言い表せない」

逃げ遅れた看護学生もいた。学生の寮生活を監督する婦長が白衣のまま、水を張った風呂場の浴槽で、生徒6人を両脇に抱えた状態で見つかったと後日、聞いた。「憧れの人を亡くしたと、みんなで泣きました」

多くの市民が大切な人を失った。富山市は空襲犠牲者の名簿に2719人を登載する。だが、市が把握している分にすぎず、さらに多くが亡くなったと考えられる。戦後70年。数字はいまも未確定のままだ。

7 戦災孤児

収容所回り遺体捜す

夕まけて心さびしくなりにけり　遠く澄みたるひぐらしのこゑ

富山城址公園に、1954（昭和29）年に建てられた歌碑がある。作者は藻谷《もたに》銀河、本名は六郎。戦前の県内を代表する歌人で、よく家族も題材にした。

吾子《あこ》がため長生《ながいき》せなと吾がいへば　妻もうなづく宵《よい》のこたつに

45年8月2日未明の富山大空襲で富山市木町（現・本町）に住む六郎は大やけどを負い、9日に死去した。享年45。歌に込めた願いはかなわなかった。母と妻、次女も命を落とし、長女と長男だけが難を逃れた。

長男の研介（83）が長野県東御《とうみ》市にいると知り、最寄りの北陸新幹線佐久平駅で待ち合わせた。駅に着くと、すぐにその人と分かった。息子は『里山資本主義』などの著作で知られる日本総合研究所の主席研究員、藻谷浩介（51）。面立ちが似ていた。

化学メーカーに勤め、東京で働いた研介は退職後、自然に囲まれて暮らそうと長野に居を移した。人前で空襲体験を話す機会はあまりなかったと言う。70年の歳月を経て、記憶を掘り起こしてくれた。

13歳の研介は自宅から避難する際、家族とはぐれ、富山城址近くを流れる松川で空襲をしのいだ。「藻谷の人いませんか？」。家族を捜していると、程なくして5歳上の姉に会えた。

「県庁の2階にお父さんおるよ」。近所の人が教えてくれた。焼け残った県庁は臨時救護所になり、負傷者でごった返していた。「お父さん」

70年前を振り返る藻谷研介さん
＝長野県佐久市

「あー、元気か」。六郎の顔や手は包帯で巻かれ、髪の毛も焦げていた。ここでは満足な手当てができないと言われ、親戚の手を借り、不二越病院に大八車で運んだ。

家は全焼していた。母の遺体は脇の小川にあった。眠っているようだった。すがろうとした母の鼻孔から流れ出た血は、鮮やかな紅色だった。

祖母と2歳上の姉を捜すため数日間、市内の遺体収容所を回った。うじがわき、腐りかけた遺体を嫌になるほど見た。収容所だった梅沢町の光厳寺で2人を見つけた。燃え残った木々を集め、茶《だ》毘《び》に付した。

六郎はいったんは快方に向かったが、容態が急変し、息絶えた。遺体は病院の庭で焼いた。炎の

写真に納まる藻谷一家。右端の六郎さんの前に座るのが研介さん

中で膨れた腸が跳ね踊るように見えた。父の死を実感した。「この先、俺はどうなるんだ」。空襲後、初めて泣いた。

◆

研介は親類縁者の家を転々としながら勉学に励み、東京大に進む。「街に後ろ姿が母に似ている人がいると、そんなはずはないと思いながらも早足で追い抜いて、『ああ、違っていた』という時期がありました。ばかげた妄想ですけど」。空襲の記憶を話した後、寂しげな笑みを浮かべながら母への思いを語った。

大空襲からの苦難の歩み。何を支えに生きてきたかを問うと、「家族創生というか、家族をつくらなきゃいかんという気持ちはありました」。28歳で家庭を持ち、いまは3人の息子と8人の孫に恵まれる。

8 研究者

空襲伝えていきたい

「のんのちゃん、あい」。幼い妹が発した、言葉にならない言葉が耳に残っている。勤労動員で疲れ、家に帰ってきた時、自分に向けてくれた無垢《むく》な笑顔も。1945(昭和20)年8月2日の富山大空襲は、富山市に疎開していた当時15歳の中山伊佐男から、母と、みずから命名した1歳8カ月の末妹を奪った。「2人はどうして死ななければならなかったのか」。ずっと抱え続けていた疑問が、空襲の研究にのめり込む動機だった。

大空襲の取材を始めるため、まず会いに行ったのが東京都杉並区に住む中山だった。国立国会図書館が所蔵する米軍の作戦任務報告書や空襲損害評価報告書などを読み解き、富山に飛来した爆撃機B29が182機だったことや、爆撃の中心点が富山城址の南東角だったことなどを明らかにしてきた。

東京で生まれ、14歳で父を亡くし、45年3月10日の東京大空襲直後、母方の実家を頼って母、2人の妹と4人で疎開していた。空襲当夜、家族は離ればなれとなり、すぐ下の妹とは再会できたが、母と末妹は防空壕《ごう》で遺体となって見つかった。

苦学の末、生物の教諭となり、麻布高などの教壇に立った。83年に米軍資料の存在を新聞で知り、翻訳とデータ解析のため、図書館に通い詰めた。そして97年に研究成果をまとめ、『ルメイ・最後の空襲』と題する本を出版した。

ルメイは日本本土空襲を指揮した米軍司令官だ。市街地を狙い、低高度から焼《しょう》夷《い》弾《だん》を大量投下する戦術にかじを切った人物とされる。45年1月に就任し、日本の都市空襲を加速させた。

米国時間の8月1日付、富山を空襲したその日に、戦略航空軍司令部参謀長に昇格。米紙ニューヨーク・タイムズは2日付紙面で、富山など4都市への空襲を「世界史上

米軍資料を示しながら、富山大空襲について解説する中山さん
＝東京都杉並区の自宅

最大の規模」などと大きく報じた。1日が米陸軍航空軍の創設記念日だったこともあり、中山は「富山大空襲は記念日の祝賀であり、ルメイへの餞別《せんべつ》だった」とする。

ルメイはその後、空軍トップに上り詰める。64年には航空自衛隊の育成に尽力したとして、日本の勲一等旭日大授章を受章。「どういう論理で勲章を与えたのか、いまも納得できない」

◆

中山が空襲の研究を始めて30年以上が過ぎた。東京をはじめとする全国の事例についても調査している。

母と末妹の死の「答え」が見つかったかを尋ねると、「難しい質問ですね…」と視線を落とし、少し間を置いた。

「『どうやって』という部分はかなり分かってきましたが、つらい思いは、いまだに続いている。70年目でどうということはない。ただ節目に、みんなで空襲を考えてくれるのはありがたい。とにかく一人でも多くに空襲のことを伝えていきたい」

中沖豊元県知事

焼け野原に茫然自失

――1941（昭和16）年12月の真珠湾攻撃、つまり、日米開戦の知らせを聞いた14歳の時の心境は。太平洋戦争に勝てると思いましたか。

みんな「勝った、勝った」「頑張ってほしい」という気持ちでした。日本には強い軍事力があるので、ずっと勝てるものだと信じてました。

――負けると思った瞬間は。

富山が空襲に遭い、旗色が悪くなってきた雰囲気はありましたが、「最後まで頑張るものだ」という意識でした。

――富山大空襲の時は、どのような状況でしたか。

当時は、富山市蓮町にある高校の学生寮に入っていましたが、父は仕事、母と妹は上滝（大山）に疎開していたので、留守番のため富山市弥生町の実家にいたら、空襲警報のサイレンが鳴り、近くにある稲荷鉱泉の方へ逃げました。寮は焼けず、朝に逃げ帰ったのですが、どう帰ったか分からんのですよ。気が付いたら寮にいた。その後、焼け野原になった街を見て、呆然《ぼうぜん》自失となりました。

戦後の苦労知って

――45（昭和20）年8月15日の玉音放送は、どこで聞きましたか。

誰かに「富山電気ビルの前に集まれ」と言われ、そこで聞きました。最初は天皇陛下が何を話されているのか分からなかった。集まった人の中から「負けたということか？」と声が上がり、ようやく言葉の意味が分かりました。

――いま、集団的自衛権の行使を可能にする安全保障関連法案が議論になっています。

中沖豊（なかおき・ゆたか）
1927（昭和2）年、富山市生まれ。柳町小学校、旧制富山高校、東京大法学部を経て地方自治庁（現総務省）入り。70年から県総務部長、県教育長を務め、75年に自治省消防大学校長。県知事を80年から連続6期24年務め、2004年に退任した。現在は県ひとづくり財団名誉会長。

安倍内閣がやっていることは納得できない。議論を急ぎ過ぎで、多くの学者もどうかと言っている。納得している人は少ないだろう。もっといろんな意見に、率直に耳を傾けてほしい。

――戦争を経験した者として、メッセージはありますか。

いまの皆さんは楽をしている。戦後はみんな生活するのに精いっぱいだった。あの時の苦労を知ってほしい。戦争をやってはいけない。日本が中心になり、世界が仲良くし、頑張ってくことが根本。自分を大事にして、国も大事にして、世界中を良くするという気持ちでいてほしい。

ものは語る

「善行証書」——陸軍の父が自慢

善光寺勝春さん（69）＝高岡市中曽根

高岡市中曽根の善光寺勝春さんは、戦争を経験した父、与三次《よそじ》さんが大切にしていた「善行《ぜんこう》證書《しょうしょ》」を遺影の横で保存している。

證書は、陸軍歩兵だった与三次さんが１９３９（昭和14）年に受け取った。防衛省防衛研究所（東京）によると、態度が良く技能に優れた下士官に

亡き父が大切にしていた「善行證書」を手にする善光寺さん＝高岡市中曽根

軍から連隊を通して贈られたものだが、全国で證書を手にした人数は不明という。

与三次さんはお酒を飲むと、いつも證書について語り出した。「学校でもらう優等賞のようなものだ」と、小中学生だった勝春さんに自慢していたという。67年に52歳で亡くなる直前、「證書を仏間に飾ってほしい」と長男の勝春さんに言い残した。

戦後70年のことし、勝春さんは5月31日で70歳を迎えた。「節目の年にふと父の言葉を思い出した。證書に詳しい人がいたら教えてほしい」と思い、写真と手紙を寄せた。

ものは語る

「〝翼賛〟時代の町内会規約」

――統制の影響色濃く

中野吉明さん（82）＝射水市八幡町（新湊）

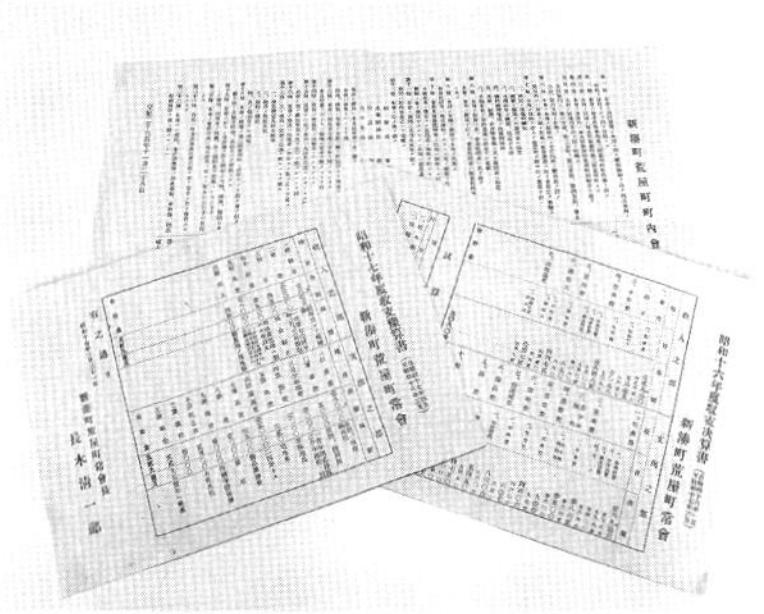

戦争の影響が色濃く見える町内会の書類

黄ばんだ3枚の紙は、10年ほど前に父の遺品から見つけた。射水市八幡町（新湊）の中野吉明さんは「いまとなってはなじみのない言葉ばかりが並んでいる」と言う。新湊町荒屋町（現在の八幡町）の町内会規約や収支を示す内容で、戦争の影響が色濃く見える。

規約は1940（昭和15）年11月に出された。第一条は「本会は万民翼賛の本旨に則《のっと》り隣保《りんぽ》団結を以《もっ》て地方共同の任務を遂行するを以て目的とす」とある。民衆が国に協力する「翼賛」や、隣近所でつくる組織「隣保（隣組）」といった言葉が並ぶ。

町内会にも軍事援護や防護などの係が設けられていた。亡き父、与四郎《よしろう》さんは隣保班長を務めており、吉野さんは「常会に行くってよく言っていた」と振り返る。当時は町内会の会合を常会と呼んだ。

町内会の支出では41年度に86円だった防護団費は、翌年度は120円まで膨らんでいる。防護団費の使い道は明らかでないが、中野さんは「あちこちに防火用水ができていった。街ぐるみで空襲に備えていたんだろう」と推測する。

特集・富山大空襲

惨禍、今もまぶたに

1945（昭和20）年8月2日未明の富山大空襲は、一夜にして3千人近い死者を出した。市街地の99％以上が焼失。被害を受けた地域と現在の地図を重ね合わせると、人口密集地を狙った作戦だったことがよく分かる。あの日、あの夜に、何があったのか―。空襲に遭った人たちの言葉に耳を傾けた。

B29と富山大空襲の歴史

●1939年

9月	ドイツ軍がポーランドに侵攻し、英仏が対独に宣戦布告
11月	米がB29開発に着手

●1941年

12月8日	日米が開戦

●1942年

4月18日	米軍が日本本土初空襲。空母からノースアメリカンB25が東京や神奈川など爆撃
6月 5〜7日	ミッドウェー海戦

●1944年

1月	B29完成
6月15日	米軍がマリアナ諸島のサイパン上陸
16日	中国四川省を発進したB29が北九州の八幡製鉄所など空襲。B29による初の空襲
7月 9日	サイパン陥落
10月12日	サイパンにB29移駐開始
11月24日	マリアナ基地から日本本土初空襲

●1945年

3月10日	東京大空襲
26日	米軍が硫黄島を占領し、本土空襲の中継点にする
5月25日	伏木港に機雷投下（以後7月25日まで計8回）
6月16日	新湊空襲。26人死亡
17・18日	鹿児島・大牟田・浜松・四日市が空襲で被災。以降は複数都市を同時爆撃
7月16日	新湊空襲。20人死亡
20日	富山市内3カ所に模擬原爆投下
26日	富山市豊田地区に模擬原爆投下 米英中が日本に降伏を勧告する「ポツダム宣言」発表
7月31日	富山市に警告ビラ散布
8月1・2日	富山・長岡・八王子・水戸が空襲で被災
6日	広島に原爆投下
9日	長崎に原爆投下
14日	ポツダム宣言受諾決定
15日	終戦

がれきの山になった総曲輪や丸の内

●参考文献

『ルメイ・最後の空襲』（中山伊佐男著）
『中小都市空襲』（奥住喜重著）
『米軍が記録した日本空襲』（平塚柾緒編著）
『富山市史』（富山市）
『富山戦災復興誌』（富山市）
『新湊市史』（新湊市）
『富山県史』（富山県）
『富山大空襲』（北日本新聞社編）
『とやま戦後還暦』（北日本新聞社編）
『私の戦争体験記』（北日本新聞社編）

戦後編

第9章　戦犯からの遺書

①ビルマの憲兵

妻子への愛情切々と

第9章「戦犯からの遺書」は、BC級戦犯となった県出身の憲兵とその家族の物語を紹介する。
（高嶋昭英）

「判決以来今日で二十八日、まだ生きている。毎日大変忙しい。気があせる。それはいつ刑を執行されるかわからない。いつやられてもよい様に書きたいことを全部書き終って了《しま》って置かないと気が落ち着かぬのである」

太平洋戦争をテーマにした連載の準備を始めた2014（平成26）年秋、読者が「見てほしいものがある」と二つの古い冊子を本社に持参した。表紙には、それぞれ「妻　佐喜へ」「愛

児　潤子へ」とあり、中山伊作という県出身の軍人が、妻と娘に宛てた遺書とみられる。大きさは縦12センチ、横16センチ。数十ページの厚さがあり、細かな文字がびっしりと並ぶ。

その読者が、4年前に82歳で亡くなった伯母の自宅を整理した際に、見つかったという。なぜ伯母の手元にあったのかは分からない。「もし遺族がいらしたら、お渡ししたいのだが」

冒頭で紹介した妻宛ての遺書は、焦燥感に満ちた言葉で始まる。中山は戦時中にビルマ（現ミャンマー）にいた憲兵だった。ゲリラ兵と思われる現地民の処刑に関わったとして、戦後に現地でBC級戦犯の裁判にかけられ、死刑判決を受けたようだ。

判決は1947（昭和22）年9月4日。遺書は刑執行前にビルマの獄中で数回にわたって書かれたとみられる。裁判の経緯を明かすとともに、外地への出征以来、8年以上離れて暮らす妻子への思いをつづっている。

「ほんとうに楽しい結婚生活であり（中略）よき伴侶として僕を援《たす》けて呉《く》れたことに対し心から感謝と敬意を捧《ささ》げたい」

「僕は君のお陰《かげ》で世の中で一番仕合《しあわ》せな男であった」

「遺骨は還《かえ》らないと思う。潤子が僕の遺品だ。また遺品だと思って育てて呉《く》れ」

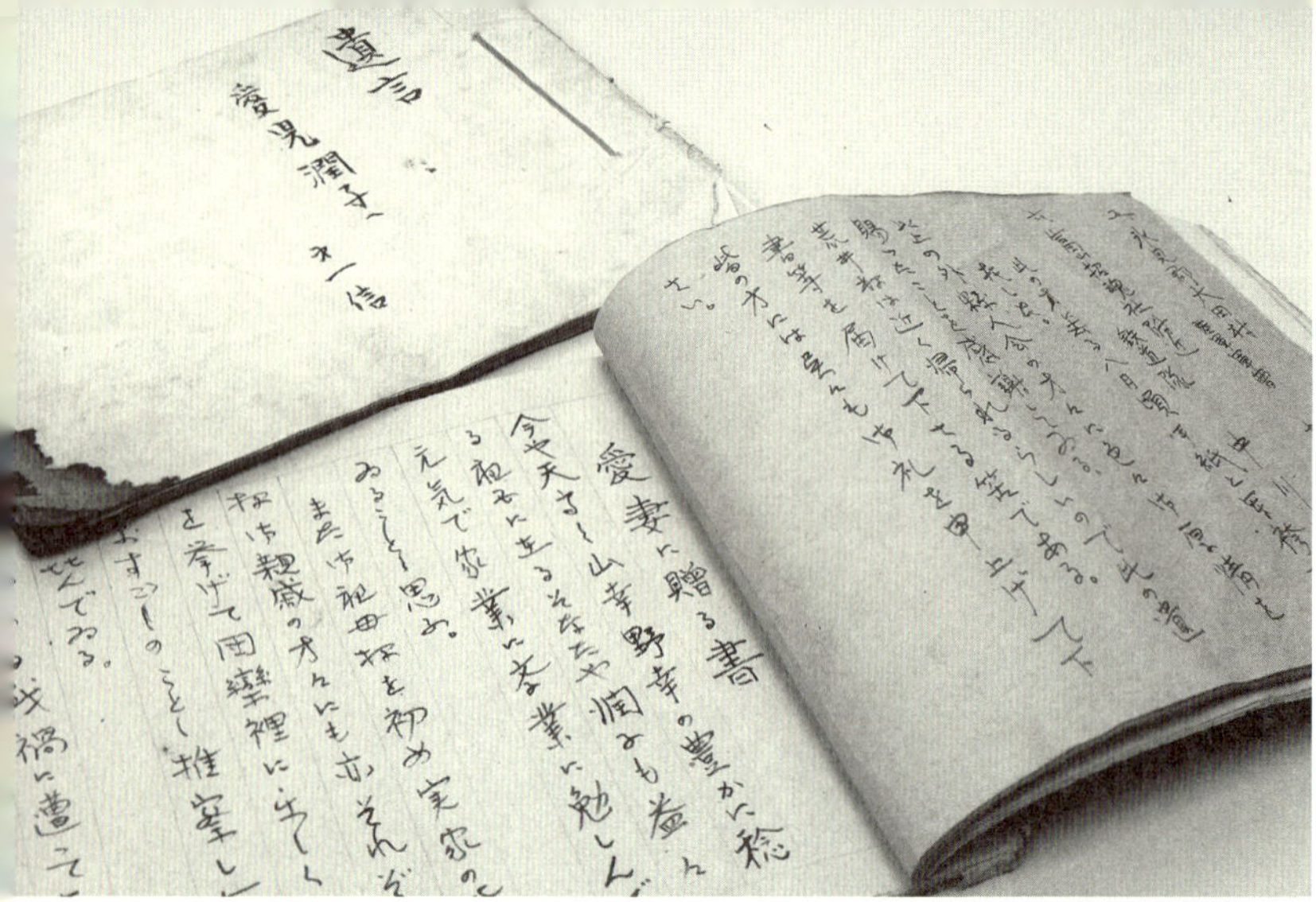

中山伊作が妻子に宛てた二つの遺書。妻宛ての遺書（下）は家族への愛情のほか、裁判への思いもしたためている

遺族を富山市内で捜し当てることができた。しかし、佐喜、潤子とも既に他界していた。

中山は10（明治43）年、高岡市伏木に生まれた。東京の工業学校卒業後に軍人となって憲兵を志願し、34（昭和9）年に富山憲兵隊に配属。翌年に佐喜と結婚し、富山市五福に居を構えた。英語や仏語を習得し、戦地では通訳としても活躍したという。47年11月に刑が執行された時、中山は37歳。佐喜は32歳、潤子は10歳だった。

遺書は中山の刑執行後、同じビルマの刑務所にいた県出身の戦友によって家族に届けられた。だが、その後、中山の戦友や戦犯の釈放・減刑を求める団体などに貸し出しを求められ、いつの間にか所在不明になったようだ。家族の手元には複写しかなく、潤子の長女、奥野理恵子（53）は「まさか残っているなんて。祖母と母に見せたかった」と語った。

理恵子によると、佐喜と潤子は、中山のことや戦中戦後の記憶をほとんど口にしなかった。「憲兵」「戦犯」のイメージからだろうか。憲兵は軍人の犯罪を取り締まり、さらに昭和に入って市民も監視の対象にした。70年前の戦争を振り返る時、悪役として描かれる場合が多い。

「戦犯」もそうだ。中山が裁判にかけられたBC級戦犯は、捕虜や占領地の住民への行為について連合国によって処罰された人たちを指す。県の『終戦処理史』によると、戦犯の家族は戦後しばらくの間、周囲の冷たい視線にさらされ、就職や結婚、恩給などでも差別を受けた。

遺族が持つ中山伊作の肖像写真
＝撮影年、場所不詳

佐喜は戦後、夫への思いを胸にしまい、学生向けの小さな食堂を切り盛りして潤子を育てた。

「そなたや潤子らと別れて以来今日で丸八年二ケ月（中略）そなたと潤子の身の上を思うと実に断腸の思いがする。只々《ただただ》そなたと潤子が不憫《ふびん》に思えて立っても坐《すわ》ってもをれない」

佐喜と潤子が、中山にどのような感情を抱いていたのか、理恵子は聞く機会を逸してしまった。ただ、潤子が晩年、「父に会いたかった。生きて帰ってほしかった」とぽつりと言ったた言葉が忘れられないという。

遺書の文面は、戦犯や憲兵が私たちに抱かせる負のイメージからはほど遠い。さらに読み進めていくと、彼が戦犯とされた事件について記した、ある言葉が気になった。

「僕は死刑を執行していない。命令の絶対性については今更喋々《ちょうちょう》する迄《まで》もない」

彼が戦中戦後をどう生きたのか、取材を進めることにした。

2 混乱の敗走下

命令にあらがえず

憲兵少尉・中山伊作。

戦時中、ビルマ（現ミャンマー）で現地民の処刑に関わったとして、戦後の戦犯裁判で死刑になった高岡市伏木出身の憲兵。妻子への愛情を切々と遺書にしたためた彼は終戦間際、全軍総崩れの混乱のただ中にいた。遺書にはこう記されている。

「退却する日本軍は実に惨《みじ》めな目に遭った（中略）軍人は勿論《もちろん》此《こ》の外《ほか》に沢山《たくさん》の看護婦や在留邦人も亡くなられた」

日本は太平洋戦争開戦後、米英の中国への支援ルートを断つため、英国の植民地だったビルマに進攻。だが、戦況は悪化し、１９４４（昭和19）年に始まるインパール作戦の失敗が決定打となり、敗走を重ねた。自国の独立を狙い、当初は日本に協力的だったビルマ国民軍も、敗戦が濃厚とみるや、各地の住民を巻き込んで反旗を翻した。

45（昭和20）年4月、日本の戦線本隊のビルマ方面軍は、拠点の首都ラングーン（現ヤンゴン）から東のモールメン（モーラミャイン）に撤退。遺書によると、中山が所属した憲兵分隊も含まれる。モールメンに至る道は、飢えと疫病に苦しむ敗走兵のほか、在留邦人や一部のビルマ政府高官の家族で入り乱れた。

昼夜問わず英軍機の空爆とビルマ国民軍による攻撃にさらされた。特に民間人を装うビルマ兵や現地民によるゲリラ攻撃に悩まされた方面軍は、各部隊にゲリラの掃討を厳命。中山の分隊も6月、モールメンでゲリラ活動に関わっているとして現地民を逮捕した。関与が濃厚な26人について方面軍司令部に指示を仰ぐと、命令が下された。

「全員処刑せよ」

国会図書館（東京）所蔵の裁判関連資料や中山の

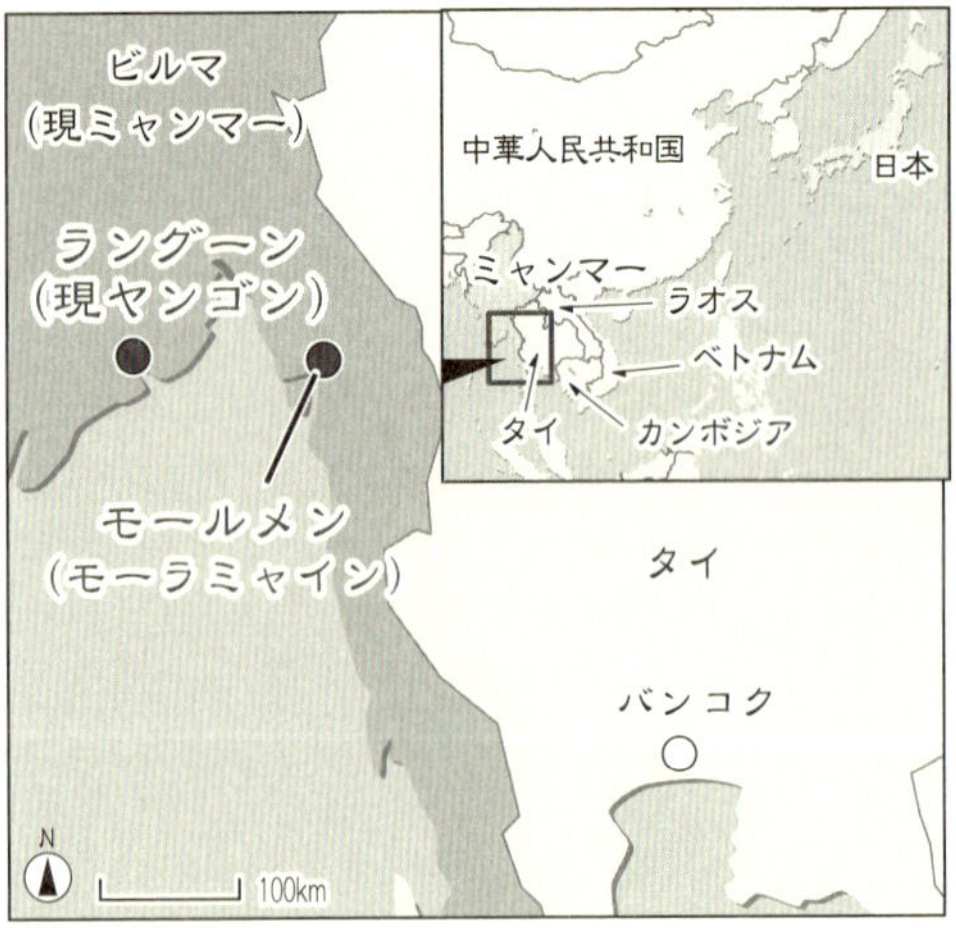

遺書によると、分隊は当初、司令部に「命を助けて、日本軍に協力させるべき」と申し入れている。だが、命令は変わらなかった。分隊ナンバー2の中山は、刑を指揮した東登分隊長の補佐役として、翌7月の刑執行に立ち会ったという。

命令に従った中山の行動は、その後の彼の運命を左右することになる。

ビルマ戦線を研究する神田外語大の非常勤講師、遠藤美幸（52）は「外地に派遣された憲兵は、戦場の最前線と、占領地などの後方では異なる役割を担い、戦後の処遇が大きく変わった」と話す。

前線の憲兵は敵軍の動きを探るため現地民とできる限り良好な関係を築き、情報収集した。一方、中山がいた後方は治安維持が任務となり、現地民は監視や取り締まりの対象だった。戦後、ビルマにいた全憲兵は刑務所に収容され、英軍によって現地民

南方へ派遣されたころの中山伊作
＝撮影年、場所不詳

への違法行為がなかったかどうか取り調べを受けたが、戦犯として起訴された大半は、後方の憲兵だった。

遠藤は「ビルマ人への加害行為について、目を背けるべきではない」としつつ、「たまたま後方に配属され、上官の命令によって処刑を行った後方の憲兵は、加害者と被害者の側面がある。それが戦争の怖さ」と語った。

中山が関与した事件は戦後、日本軍将校の密告によって判明した。厳しい取り調べの結果、47（昭和22）年8月、中山らの分隊は、ついに戦犯裁判にかけられることになった。

3 死刑判決

部下と上官かばう

1947（昭和22）年8月、高岡市伏木出身の憲兵少尉、中山伊作は、英国が開いたビルマ（現ミャンマー）のラングーン高等裁判所の大法廷に立った。

終戦直前、ゲリラ活動に関わったとされる現地民を処刑したとして、戦犯裁判で起訴されたのは計18人。刑を指揮した憲兵分隊長で大尉の東登と補佐役の中山、実行部隊の部下14人ほか、司令部からの命令を伝えた分隊の上官2人も含まれる。

「命令の絶対性」

中山の遺書にある言葉だ。分隊は現地民の助命を申し入れたが、認められなかった。では、処刑を厳命した司令部の参謀長はどうなったのか—。調べてみると、終戦直後の不慮の事故で死亡しており、裁判の対象にはならなかった。

国立公文書館（東京）の裁判資料によると、検察側が問題視したのは「軍事裁判にかけず

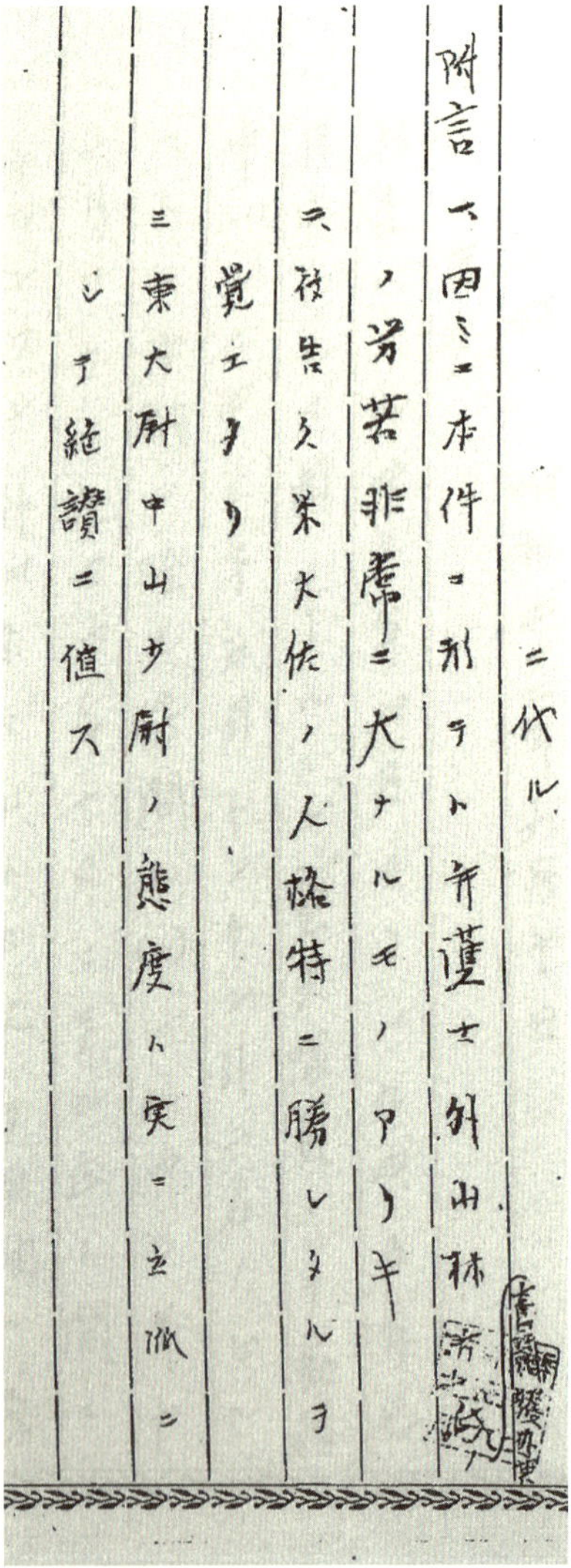
附言ス因ミニ本件ニ於テハ弁護士外山林
ニ代ル
ノ労苦非常ニ大ナルモノアリキ
二、被告久米大佐ノ人格特ニ勝レタルヲ
覚エタリ
三、東大尉中山少尉ノ態度ハ実ニ立派ニ
シテ絶讃ニ値ス

日本人弁護士が残したメモ。東と中山の姿を「実ニ立派ニシテ絶讃ニ値ス」と記している

に処刑したこと」だった。弁明の機会を与えないのは、戦争法規に違反しているとした。一方、弁護側は「命令に逆らうことはできなかった」「敗走の混乱の中で裁判を開くのは不可能だった」などと主張した。

判決は初公判から1カ月後の9月4日。東や中山ら10人が絞首刑、上官ら8人が有期刑となった。その後、弁護人が提出した減刑嘆願書によって、部下の多くが死刑を免れたが、現場責任者とされた東と中山の判決は揺るがなかった。

戦犯裁判を研究する関東学院大教授の林博史（60）によると、ＢＣ級戦犯の裁判は、連合国各国が個別に行っており、責任の所在をどこに求めるかで国ごとに違いがあった。英国の場合、現場の管理者の責任を重視するケースが多かったという。

戦犯裁判には、拘留中の日本人への虐待や人違いによる有罪判決、上級指揮官の免罪など問題も少なくない。「勝者の一方的な裁き」との批判もあるが、林は「戦争犯罪を裁こうという姿勢は、その後の国際社会の平和への取り組みにおいて、大きなステップとなったことを忘れてはいけない」と話す。

多くの国が集まり、一定のルールの下で戦争犯罪を抑止する努力は、90年代の旧ユーゴ紛争やルワンダ虐殺の国際法廷、個人の戦争犯罪を裁く国際刑事裁判所の設立につながった。「第二次世界大戦で犠牲となった、アジアの人々の思いを受け止めるとと

ＢＣ級戦犯裁判の意義を説明する林教授＝東京都内

もに、命令によって戦犯とされた将兵のためにも、戦犯裁判の意義を積極的にとらえる必要がある」と考える。

◆

中山自身、妻に宛てた遺書で裁判への割り切れぬ思いを吐露しながらも、こう記している。

「『ポツダム宣言』履行の為《ため》に又《また》再建の一礎石として将又《はたまた》世界人類の幸福と平和の為に又八千万を生かす為に死ぬことは永遠に生きることだ」

「(敗戦の責任に)生命を捧《ささ》げてその一部を負っていく。祖国の再建はここから生れるのだと確信して散って行く」

裁判で弁護人を務めた日本人弁護士は帰国後、法廷での中山らの姿について、メモを残している。「実ニ立派ニシテ絶讃ニ値ス」。責任は私にあると主張し、最後まで部下と上官をかばったという。

4 最期の日々

部下減刑　心から喜ぶ

1947（昭和22）年9月4日、ビルマ（現ミャンマー）の戦犯法廷で絞首刑判決を受けた高岡市伏木出身の憲兵少尉、中山伊作。彼は刑執行まで、どう過ごしたのか—。中山と同じラングーン中央刑務所にいた元憲兵、磯部喜一（96）＝東京都江戸川区＝を訪ねた。

磯部はビルマ戦線で諜報活動を担う野戦憲兵だった。敗戦後、いったんタイの刑務所に収容され、46（昭和21）年3月にラングーン（現ヤンゴン）の刑務所に移った。刑務所内は雑居房が四つあり、ビルマにいた兵隊や憲兵が集められていた。

外地にいた憲兵は、駐屯地の治安維持も担うため現地民との接触が多く、顔を覚えられやすい。磯部によると、憲兵は全てこの刑務所に収容され、加害行為があったかどうか現地民が顔を見て確認する「首実検」で徹底的に調べられた。磯部は2号棟に入ったが、そこに中山の姿はなかったという。「既に独房にいたのかもしれません」

戦犯の疑いのある者は、雑居房とは別の独房に入れられた。独房行きは、裁判にかけられることを意味する。雑居房の中には、自ら体を傷付けて病院に運ばれ、病室で自分の汚物を食べるなど奇行を繰り返して裁判を免れた人もいた。「みんないつ戦犯に指名されるか、恐怖を感じていた」と振り返る。

刑務所では十分な食事を与えられず、棟内で野草を育てて食べたり、鍋の焦げを分け合ったりして飢えをしのいだという。

中山の刑の執行は判決から2カ月後の11月4日。その間にしたためた遺書は妻の佐喜宛てが約90ページ、娘の潤子へは約50ページに及ぶ。文中には親類や知人、町内会などにも送ろうとしたという記述があり、劣悪な環境下、いつ処刑されるか分からない焦りに駆られながら、一心不乱に筆を執る姿が浮かび上がる。

遺族の手元には、部下の故・月館孝吉（青森県出身）が執行前夜からの中山の言動をまとめた手記が残っている。前日に限り、独房の壁越しに他の収容者と話すことが許され、中山は共に死刑となった憲兵分隊長の東登と戦地での思い出や日本の将来を語り合ったり、軍歌を口ずさんだりしたという。

判決は2人のほかに部下8人も絞首刑とされたが、弁護側が提出した嘆願書によって執行前日、部下全員が有期刑に減刑された。それを知った中山は「安心した。このような喜ばしいことはない。私たちが逝った後は若い者がやってくれる」と話し、翌日朝、穏やかな表情で絞首台に向かった。

遺族によると、月館は復員後に手記を持って遺族を訪れ、泣きながら何度も「許してくれ」と話したという。

ラングーン刑務所の様子を語る
磯部さん＝東京都内

中山の遺書は、別の富山県出身の戦友によって届けられた。佐喜への遺書はいとおしい気持ちのほか、裁判への思いや日本の将来を時に激しい言葉で記す。一方、潤子宛ては、父としての最期の言葉をできるだけ平易な文章で残している。目の前に娘がいると思って筆を執ったのだろう。書き出しはこう始まる。

「お父ちゃんと潤子ちゃんが二人で向い合ってお話をしているものと想《おも》って、いやそんな気持になってよく聞きなさいね。では始めます」

5 潤子ちゃん！

一緒に雨晴行きたい

「お父ちゃんね、日本へ帰って潤子の大きくなった姿を見て喜び、また長い間お父ちゃんの帰るのを辛抱して待っている潤子ちゃんに元気な姿を見せて上げて潤子ちゃんのいいお父ちゃんになりたいと思っていました」

命令で、ゲリラ活動に関わったとされるビルマ（現ミャンマー）人の処刑に立ち会い、死刑になった高岡市伏木出身の憲兵、中山伊作。1947（昭和22）年11月の刑執行前に娘の潤子に書いた遺書は、再会が果たせぬことを諭すように伝えている。

中山が外地に出征したのは39年、潤子が2歳の時だ。出征の見送りの際、東京駅で懸命に手を振る娘を見た中山は「紅葉のようなかわいらしいお手々」と語ったという。中山は遺書で、父の顔を覚えていない娘に対し、風呂に入ったり、公園に行ったりした思い出をつづり、成長を心から願った。

「死んでも魂はいつまでも生きていてお母ちゃんや潤子ちゃんを見守っています」

潤子の長女、奥野理恵子によると、中山は絵画を愛好し、戦地から潤子に現地の風景や花の絵を添えた、はがきをこまめに送った。父の影響か、潤子は東京の美大に進学。その後は、富山市内で母の佐喜と小さな商店を切り盛りする一方、自宅に多くの日本画を飾るなど絵を愛し続けた。

父親のことはほとんど語らなかったという潤子。ただ、晩年になって突然、遺書の写しを基に本を自費出版し、家族を驚かせた。理恵子は「子どもや孫に何かを感じ取ってほしいと思ったのではないでしょうか」。

潤子は、本が完成した直後の２０１１（平成23）年12月、74歳でこの世を去った。

中山の死を悼んだのは家族だけではない。戦後、潤子を娘のようにかわいがった戦友がいた。同じ伏木出身の故・松岡要治だ。陸軍で将兵が乗る車の運転手を務めた。ビルマに赴任し、偶然中山が所属した憲兵分隊の運転を任された際、中山の富山弁に気付き、仲良くなった。

松岡の娘、佐和（65）＝高岡市太田雨晴西部＝によると、松岡も終戦後、中山と同じビルマの刑務所に収容された。刑を待つ中山は松岡の顔を見ると「雨晴の風景がもう一度見たい」と何度も口にした。「妻と娘をよろしく」とも語ったといい、佐和は「同郷の父に頼りたい気持ちがあったのでしょう」と話す。

48（昭和23）年に復員した松岡が真っ先にしたのは、潤子を雨晴海岸へ海水浴に連れて行くことだった。潤子は生前、その思い出を楽しそうに語った。中山は遺書でも、自身が雨晴に行った遠足が忘れられないとして、風景の絵と詩を添えている。

佐喜（右）と潤子の肖像写真（撮影年不詳）

お父様の故郷の一風景
汽車の旅は楽し!!
幼い頃遠足で
ここを通ったことを
今尚憶《いまなおおぼ》えている
お父様とお母様と
潤子ちゃんと三人で
この「トンネル」を
通って見たいね
もう一度でよい
ただもう一度ね
ね！潤子ちゃん!!

絞首台に向かう中山の頭に広がる雨晴の風景は、どんな空と海だったか。

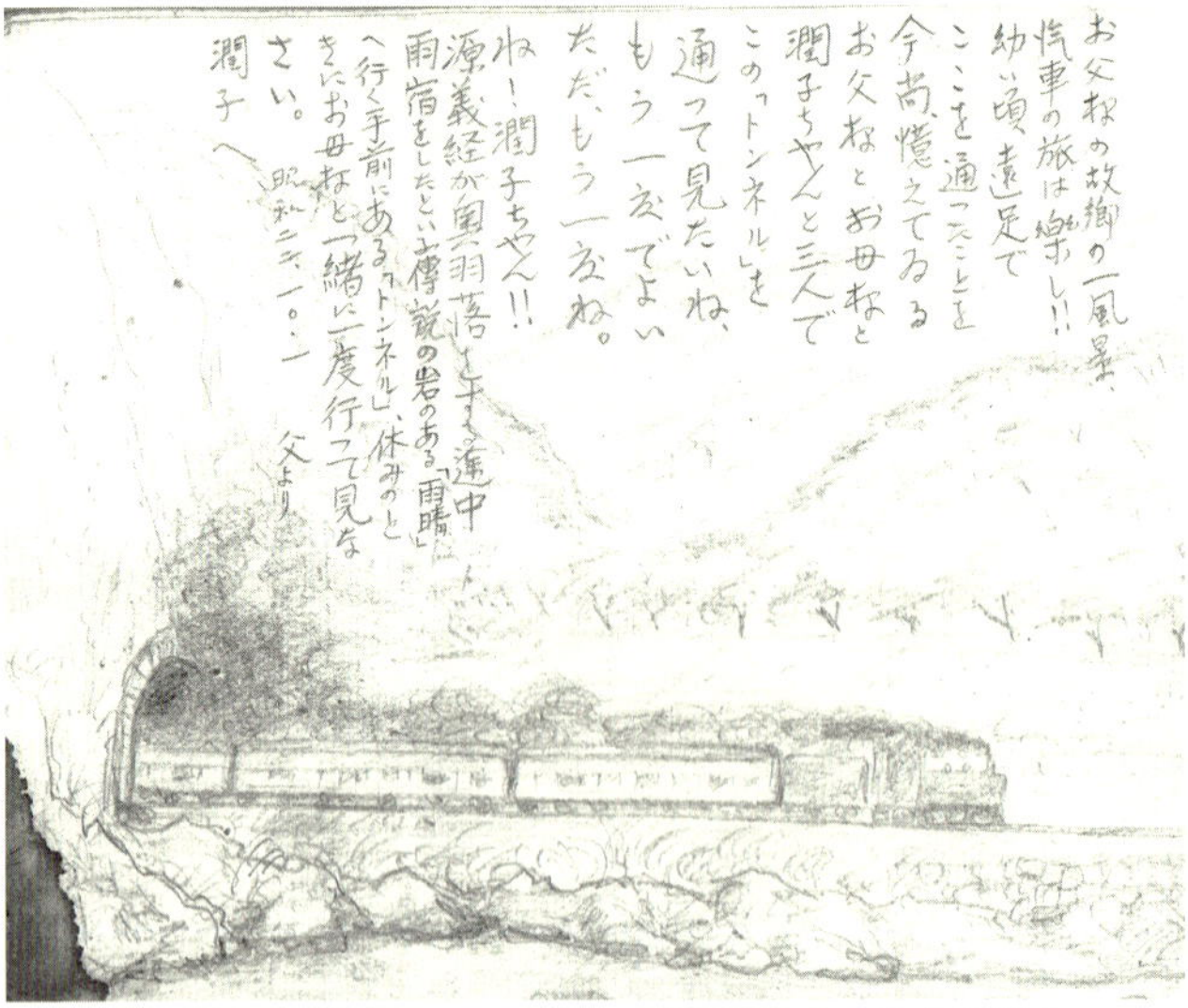

中山が娘に宛てた遺書の1ページ。雨晴海岸を走る汽車を描き「三人でこの『トンネル』を通って見たいね」とある

第10章　抑留の果て

1 郷土部隊

明暗分けた北方行き

第10章「抑留の果て」では、終戦後、ソ連によりシベリアや樺太などで過酷な労働を強いられた県人の生涯をたどる。（稲垣重則）

その箸を手にすると、ほのかに線香の香りがした。60年以上にわたって仏壇にしまわれていたという。指の当たる部分に滑らかな凹凸があり、手になじむ。木材をくり抜いた箸入れも丁寧な仕上げで、ふたはぴたりと閉まる。一見簡素だが、細部に確かな技術が生きている。

市立富山工業学校時代の本木収

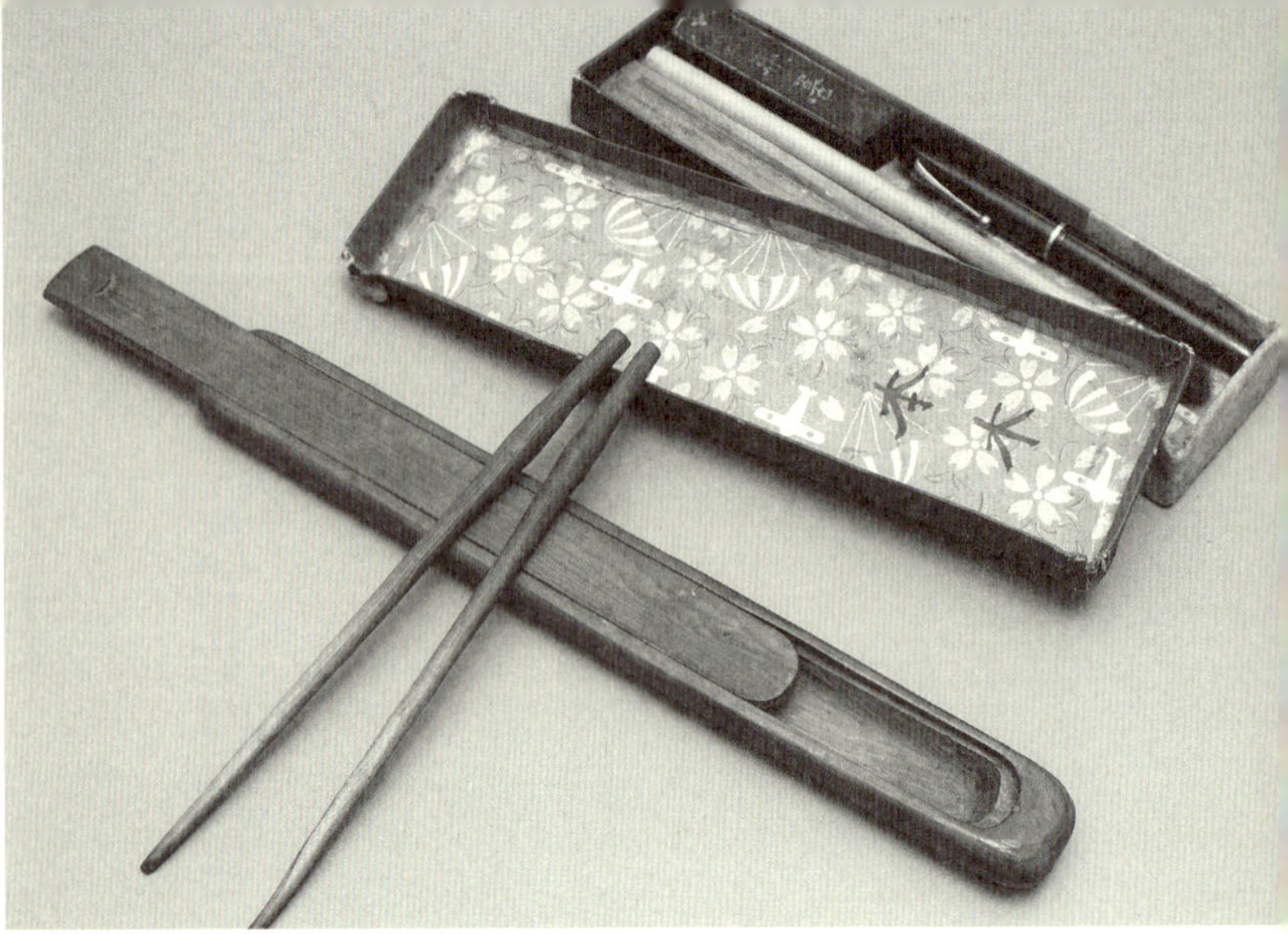

本木の遺骨の代わりに遺族に届けられた箸などの遺品

作ったのは本木収《おさむ》。1913(大正2)年に富山市田刈屋に生まれ、市立富山工業学校(現富山工業高校)で教壇に立った。戦前から意匠を凝らした家具の製作を手掛け、木製グライダー部の顧問も務めた木材工芸の専門家だった。

戦局悪化で学徒出陣も始まった43(昭和18)年に応召。戦後、ソ連軍によって樺太に抑留され、48年に収容所の病院で栄養失調のため30代半ばで命を落とした。家族に届いた白木の箱に遺骨はなかった。代わりに収められていたのが、本木が抑留先で作ったその箸と箸入れだった。

・――・

本木の存在を知ったのは、厚生労働省が1万人を超える抑留死者の名簿を公表した2015(平成27）年4月末。県出身者と特定された39人の中に名前があり、千葉県八千代市に暮らす次男の五艘章（72）に電話で話を聞くことができた。

出征時、五艘は生後8カ月。直接の記憶はないものの、家族から聞いた父の生い立ちや、富山市の実家に遺品の箸やはがきがあることを話してくれた。戦地から届いたはがきには、息子たちに向けた「身体ヲ鍛ヘヨ」という言葉が記されていた。五艘は亡き父の言葉を胸に、柔道に打ち込んだという。

「いつも親父が天から見ていると思って生きてきた」と、五艘は語る。だが、遺骨は異国から戻らず、埋葬地さえはっきりしない。「戦いが終わったのに、なぜ父は命を落とさねばならなかったのか。私も年をとった。このままでは弔ってやる者さえいなくなる」

70代になった遺児の訴えが重く響いた。

終戦間もない北の地で、一体何があったのか――。本木の足取りをたどる取材は難航した。

厚労省の推計によると、終戦直後に旧満州（中国東北部）や朝鮮半島などでソ連軍に拘束され、シベリアなどソ連国内やモンゴルの収容所に送られた日本の軍人らは約57万5千人。

県出身の抑留者は約3千人に上ったという。ただ、戦後70年の月日を経て多くは既に亡くなり、健在であっても90歳を優に超えている。

手掛かりがつかめないまま70回目の終戦記念日が過ぎ、8月も下旬になって、光が差し込んだ。収容所の実態を聞くため取材した男性が、部隊も収容所も本木と同じだった。

「新聞に掲載された抑留死者の名簿を見て、本木さんのことに気付きました。面識はありませんが、確かに終戦直後、同じ命運をたどったんですよ」。小森繁雄(94)=入善町舟見=が語り始めた。

小森は本木より2年早い41(昭和16)年2月、富山の郷土部隊である歩兵第35連隊に入隊した。35連隊は前年に本拠地を富山市五福から満州のソ連国境に移していた。6月、日本の同盟国のドイツがソ連に侵攻。当時は日ソ中立条約が結ばれていたが、日本の軍部は独ソ戦でドイツが優位に立てば、ソ連に攻め込む構えだったとされる。

小森は、対ソ戦準備のため満州に兵力を集める目的だった「関東軍特別演習」に参加。「すぐにでもソ連と戦うもの」と思っていた。しかし、独ソ戦が想定のようには進まず、日本のソ連進攻は流れる。12月には太平洋戦争が開戦。35連隊はソ満国境の警備を継続し、この間に本木が入隊したとみられる。

南方のガダルカナル島での敗北や、北方のアッツ島の玉砕など戦線の崩壊を受け、44年には中国大陸の兵力を南方や北方に移動させる転用が本格化。35連隊からは、小森や本木が所属する約700人の第2大隊が、北方守備のため国後島などに回った。

「あの転用が運命の分かれ目だった」。小森はつぶやく。連隊の本隊は、沖縄を経て台湾に移ったところで終戦を迎える。小森ら北方守備に当たった部隊は、ソ連軍の管理下に置かれ、極寒の地で抑留されることになった。

2 三重苦

凍土に積まれた遺体

夕闇に包まれた入善町の山あいの温泉宿。年配の男性2人が向かい合って座っている。「お父さんの魂が引き合わせてくれたんだねえ」。戦後、樺太（サハリン）の収容所に抑留された小森繁雄が語る。五艘章はうなずいた。五艘の父、本木収《おさむ》は小森と同じ収容所に抑留され、帰らぬ人となっていた。

8月末、部隊も収容所も本木と一緒だった人物が見つかったと、五艘に電話で告げた。「直接話を聞かせていただきたい」。五艘の申し出を小森が受け、9月上旬に小森の地元で会うことになった。

席に着くと、五艘が質問を始めた。「北方ではどのように過ごされたのですか」「樺太での食事は」…。小森が順に答えていく。記憶は鮮明だった。

終戦時、小森や本木は県出身者を中心とした約700人の北方守備隊に所属し、色丹島《しこたん》に配置されていた。玉音放送を受け、部隊は自主的に武装解除した。「銃などはきちんと手入れをして1カ所に集め、明細まで付けてアメリカ軍を待った」

だが、9月になってやって来たのは、日ソ中立条約を破り参戦してきたソ連軍だった。身体検査で時計などを奪われた。「ソ連兵は敗残兵のようなみすぼらしい身なりだった。こんな軍に負けたのかと思うと悔しかった」

11月ごろまで色丹島で武器の廃棄などの作業をし、その後は国後島《くなしり》で森林の伐採やロシア人用の住宅建設などの作業を強いられた。2年後の1947（昭和22）年8月、国後島での仕事が終わった。「ダモイ（帰国）だ」と言われ、船に乗った。

しかし、着いたのは樺太。「だまされた」。港から汽車で樺太中部にある気屯《けとん》収容所に送られた。待っていたのは厳しい飢え、寒さ、強制労働という抑留の「三重苦」だった。

樺太での抑留生活の実態を語る小森さん（右）。五艘さんは何度もうなずく＝入善町舟見

「隣で寝ていた人が朝には死んでいる」「地獄ですよ」。小森は語り続ける。

食事は穀物がわずかに入ったおかゆなど。量は以前の半分になった。常に空腹で、ロシア人将校の残飯をあさる者も出た。冬は森林伐採、雪のない時は道路建設や農作業。「『ノルマ』という言葉をソ連で知った。達成しないと食事を減らされてしまう」。疲れ果てて戻る収容所は、刑務所跡を利用したトタンぶきの粗末な建物だった。冬は気温が零下何十度にもなる。次々と死者が出た。

やせ細った遺体が収容所の一角に積み上げられていった。埋葬役は、抑留者の中でも病気などで十分働けなくなった人たち。ただでさえ力がない上、凍った大地はつるはしも歯が立たない。「近くの林で雪をかぶせてくるくらいしかできなかった。行方の分からない遺骨はたくさんあるだろう」

小森は申し訳なさそうな目をした。本木の埋葬地を五艘が知りたいと願っていることを知っていた。本木も厳冬の2月に亡くなっている。過酷な現実を聞かされ、五艘はため息をつくしかなかった。

3 ダモイ遠く

技能隠し過酷な労働

「ダモイ」はロシア語で「帰国」を意味する。ソ連に抑留され、望郷の念を募らせた人々にとって、何より重い響きを持つ言葉だった。

色丹島《しこたん》で終戦を迎えた小森繁雄や、本木収ら県出身者が中心となった北方守備部隊の人々は「トーキョー・ダモイ」という説明にだまされ、樺太（サハリン）行きの船に乗った。本木は樺太の気屯《けとん》収容所で命を落としている。

本木はなぜ念願のダモイを果たすことができなかったのか――。94歳になった小森と、本木の次男、五艘章の対話から、理由の一端が浮かび上がった。

◆

五艘は、抑留中に本木が作った箸と箸箱を小森に見せた。遺骨の代わりに、家族に届けられた品だ。小森の目の色が変わった。「これはイチイの木ですよ。私も箸などを作った。こんなうまくはできなかったなあ」

五艘は本木が工業学校で木材工芸を教え、木製グライダーの製作に携わった教員だったことも説明した。十分な道具がなくても、箸や箸箱を作ることは難しくはなかったはずだ。

小森は本木が技術者だったと聞いて、腑に落ちないという顔をした。本木の死因は栄養失調だ。過酷な重労働が引き金と考えられる。「手に職のない人が、ひどい重労働をさせられた。本木さんのように技術がある人なら、それに合った仕事が割り振られたはずなんだが」

小森の疑問に五艘が答えた。「父は早く帰りたい一心で自分の技術を隠していたようです」

戦後、本木の死を報告しに来た戦友が、そう説明していったという。自らの技能を知られれば、重労働は避けられても重用されて帰国が遅れるかもしれない。本木は家族が待つ日本へ一日も早く帰るため、黙って重労働に耐える道を選んだのだろうか。

選択は裏目に出た。1948（昭和23）年2月3日、本木は

抑留者のダモイ（帰国）の様子を報じる北日本新聞

息絶える。残されたカルテには「栄養状態、極めて悪く」とあり、皮下脂肪は2～3ミリの厚さしかなかったと記されていた。気屯収容所からの帰国が始まるのは、それからわずか数カ月後のことだ。一方、小森は同年9月、ダモイを果たした。

ソ連からの抑留者の帰国は46（昭和21）年暮れから始まった。12月10日の北日本新聞は京都府の舞鶴港に入った引き揚げ第一陣の様子を1面トップで報じている。「富山県人はいませんか」と声を上げる記者に、「富山も焼けましたか？」と富山大空襲について聞く人や、「われわれが帰っても心配いりませんね？」と故郷の食糧事情を心配する人がいたという。

引き揚げは56年まで断続的に続き、その都度、紙面で大きく報じられている。だが、次第に気になる表現が目立ち始める。「送り込む赤い思想」「後味の悪い歓迎」…。

49年7月4日の記事では、引き揚げ者のある色を帯びた言葉や態度が、出迎えの人々との間に「割り切れぬものの介在」を生んでいると伝えている。収容所内に吹き荒れた「民主運動」が、暗い影を落としていた。

4 民主運動

日本人同士で糾弾

「引揚者の親ソ傾向　米国務省、重大な関心」

1949（昭和24）年7月1日の北日本新聞にこんな見出しの記事がある。ソ連が日本を内部から共産主義化するため、日本人捕虜の思想教育に力を入れているという内容だ。翌日以降も多くの引き揚げ者が肩を組んで革命歌を歌い出したことや、出迎えの人に冷たい視線を注ぐ者がいたことを報じていた。

収容所内で行われた思想教育や、その思想に基づいて互いを糾弾する「民主運動」とはどのようなものだったのか――。抑留死した本木と同じ樺太（サハリン）の気屯《けとん》収容所にいた小森に実態を聞いた。

森林伐採などの労働から戻ると、薄暗い収容所の一角で、男たちが激しい言葉を交わしている。「軍隊解体だ」「天皇制を打倒せよ」。熱弁をふるうのは同じ抑留者から出てきた「アクチブ」と呼ばれた民主運動の活動家たち。アクチブの背後には、ソ連の存在があったとされる。思想教育に参加しないと労働のノルマを増やされたり、食事を減らされたりした。

かつて憲兵や警察官だった人が「反動だ」とつるし上げにされた。「皆日本のために軍で働いてきた。なぜ、いがみ合わねばならないのか」。小森ははらわたが煮えくりかえる思いだったが、口にはできなかった。「密告されて、今度は自分がつるし上げされる」。民主運動により、抑留者は分断されていった。

ソ連は46（昭和21）年秋ごろから、抑留者が母国に手紙を出すことを許したとされる。南砺市福野で書店を営む山田順悌《じゅんてい》（90）は、かつてシベリアの収容所から家族に出したはがきを保管していた。自分の無事を伝え、家族の安否を尋ねる内容が大半だが、思想教育

シベリアの収容所から家族に宛てて出したはがきを手にする山田順悌さん＝南砺市福野

の影響をうかがわせる部分もあった。

「ワレワレヒャクショウガ（略）クルシメラレテキタコトガ、ヨクワカッタ」

山田は、福野農学校から南満州鉄道（満鉄）に入り、45年7月に関東軍に入隊した。ソ連侵攻に備え、体に爆弾を付けて戦車の下に飛び込む訓練を繰り返しているうちに終戦。シベリアに送られた。

収容所を転々としている間に思想教育を受けた。内容は「みんなでたくさん物を作れば、貧乏人もお金持ちも関係なく豊かになれる」というもの。農家の出身で小作と地主の格差を知る山田には、納得できる部分もあった。

しかし、そうした思想への共感は急速に冷めた。「ソ連の現実を見ればあまりに説得力がない」。現地の人々の暮らしぶりは、抑留者と変わらないほどに貧しかったという。実際、一党独裁の社会で、汚職や物資の横流しなどが横行し、一部の特権階級だけが富を手にしていた。

抑留者の苦しみは、帰国ですべて解消されたわけではない。48年に引き揚げた小森も、その翌年に帰った山田も「働き先がなくて苦労した」と口をそろえる。「シベリア帰りはアカ」

というわさが広がり、家には刑事が様子をうかがいに来た。

小森は黒部ダム工事の越冬隊に加わった。山田は駅で米などを担ぐ重労働をするしかなかった。山田は抑留時代をこう振り返る。「何の意味もない4年間だった」

5 慰霊

残る人生「墓守」に

氷見市境に近い高岡市手洗野の丘に、ソ連による抑留犠牲者の慰霊碑が立っている。全国強制抑留者協会県支部長の山田秀三(98)と現地を訪ねた。南砺市井波の自宅に迎えに行くと、車いすの山田は玄関で待っていた。碑に供えるための花を買い、車を北に走らせた。

車窓を眺めながら山田が語る。慰霊碑を建てたのはちょうど10年前。設置場所の確保や寄付金集めに奔走したと言う。こだわったのは碑をシベリアの方角に向けることと、犠牲者の名前を刻むことだった。

碑に名があれば本人が亡くなっていても遺族が足を運んでくれると考えた。何より名前は人が生きた証しだ。戦後、モンゴルで抑留された山田は、異国の土となった戦友を見てきた。山田は繰り返す。「名前が大事なんだ」

高岡市手洗野にある抑留犠牲者の慰霊碑。左はお経を上げる山田秀三さん

開戦時、山田は郷土部隊の歩兵第35連隊に所属し、満州（中国東北部）でソ連国境の警備に当たった。1943（昭和18）年、中国の錦州で航空燃料を警備する部隊に配置換えとなり、そのまま終戦。列車と徒歩でモンゴルのウランバートルまで連れて行かれた。

着いたのは見渡す限りの草原。野菜の貯蔵庫だった建物が収容所だった。極寒の地で水さえない。「何キロも歩いて、いてついた川から氷を取り、毛布を風呂敷代わりにして持ってきた。おぞい目に遭った」

2年後、帰国。木材を扱う会社を興し、がむしゃらに働いた。「自営業だったから『シベリア帰り』でも仕事ができた」。まもなく、抑留者への謝罪と強制労働に対する賃金補償などをソ連に求める活動に加わった。

戦争に関する賠償請求権の放棄を盛り込んだ56（昭和31）年の日ソ共同宣言が壁となり、両国政府の動きは鈍かった。２０１０（平成22）年、議員立法でシベリア特別措置法が成立。最高１５０万円の特別給付金が支給されることになった。胸に去来したのは、長年の苦労が報われた感慨と、「遅すぎる」という思いだ。この日を待たず、亡くなった仲間が何人もいた。

モンゴルに抑留された時のことを振り返る山田秀三さん
＝南砺市井波の自宅

また、いまだに抑留死者の全体像はつかめておらず、厚生労働省は資料の調査を進めている。「失われた名前」を取り戻す活動は、まだ道半ばだ。

慰霊碑は午後の陽光を反射し、輝いていた。碑の両側に４８９人の県内抑留者の名前を刻んだプレートが掲げられている。山田はもちろん、樺太（サハリン）で抑留された小森繁雄や、収容所から出した自分のはがきを保管している山田順悌の名もある。

花生けに枯れた花が残っていた。盆前に山田秀三が供えたものだ。「参ってくれる人が少なくて…」。慰霊碑をどう守っていくか。100歳を前にした山田がいま、一番頭を悩ます問題だ。

数珠を手にお経を読み上げると、山田はまぶしげに碑を見上げた。「今も命があるのは、墓守をするために生かされているのだと思う。最後まで仕事をやり通さんと」

6 父が眠る地

ロシア人と遺骨捜す

9月上旬の入善町の温泉宿。樺太（サハリン）で抑留死した父、本木収の手掛かりを捜す五艘と、同じ気屯《けとん》（現スミルヌイフ）の収容所にいた小森が向かい合って座る。2日間にわたる対話は専ら五艘の質問に小森が答える形だった。ただ、五艘が気屯を訪れた話を始めると、小森が聴き役に回った。

2009（平成21）年秋、厚生労働省から五艘の元に、ロシア語で書かれた父のカルテが届いた。翻訳してもらうと、埋葬地の区画や墓番号も、記されていると分かった。母も兄も既に他界している。「遺骨を持ち帰って、同じ墓に納めることが自分の責務だと思った」

政府に問い合わせても詳しい場所は分からず、自力で調べることにした。11年夏、日ロ交流を進めるNPOが企画した「平和の船」で樺太に渡った。ユジノサハリンスクから車で北へ350キロ。ようやく気屯に到着した。

収容所跡とされた場所はロシア人墓地になっていた。無数の古い墓は、白樺林や雑草に覆われ、抑留者のものは確認できなかった。気落ちしたが、ロシア人通訳の知り合いのロシア人男性と夕食を共にし、互いに柔道をしていた縁で親しくなった。遺骨を捜しに来たと伝えると、「手伝う」と応じた。

翌朝、待ち合わせ場所にスコップを持ったロシア人男性と、その仲間が集まってきた。墓地内に収容所跡らしき窪地を見つけた。さらに半日かけて周辺を捜したが、遺骨は見つからなかった。日本酒を供え、お経を上げた。

ロシアの人々は花をささげ

五艘さんらが気屯で撮影した写真。下から、収容所跡でお経を読む五艘さん、遺骨捜しを手伝いに来たロシアの人々、収容所跡とみられる窪地、通訳（右）とその知人男性

てくれた。その姿に胸が詰まった。かつてソ連を「父の敵」と憎んだこともある。だが、国境を超えた人の温かさに触れ、涙がにじんだ。

「国民同士は仲良くなれるのに」。五艘は小森に問うた。「どうして国同士は、仲良くなれないんでしょうね」

小森は静かにうなずいた。

長い対話が終わり、五艘は北陸新幹線で帰っていった。収容所や埋葬の実態を聴き、遺骨の回収は無理だとあらためて悟ったと言う。ただ、心の整理ができたのか、声は沈んでいなかった。「父は私の心の中にいますから」

しばらくして取材班に2通の郵便が届いた。1通は五艘の手紙だった。「この齢《よわい》にして(略)当時の父の生活を生々しく聞く事が出来るとは…正に奇跡」などとあった。

もう1通は全国強制抑留者協会県支部長の山田からのはがきだ。来月11日、高岡市で行う抑留犠牲者の慰霊祭の案内状だった。

山田は例年、ほぼ独りで慰霊祭の準備をしている。90歳を過ぎて覚えたパソコンを駆使して、関係者の名簿などを管理。宛名も自らプリントする。「戦友たちのことを思うとね。このまま忘れ去られるのはあまりに気の毒や」。そう言ってパソコンに向かっていた姿が目に浮かんだ。

第11章　売薬と戦争

1 販路開拓

中国人との商売が本分

第11章「売薬と戦争」では戦前から戦中にかけての激動の時代に、旺盛な開拓精神で海を越えた富山の薬売りの歩みをたどる。

（浜田泰輔）

列強の進出に伴い、目覚ましい発展を遂げた20世紀初頭の中国・上海。混沌《こんとん》とした活気にあふれ「魔都《まと》」と呼ばれた大都市に、その名をとどろかせた日本人がいた。東砺波郡油田村（現砺波市）出身の医薬品卸商、重松為治《かさまつためじ》。長江流域に広大な販売網を築き、1937（昭和12）年、日中戦争が勃発してからは中国中部の日本軍に衛生物資を納める元締めとなった。

戦時下、しかも敵国の地で、どのように商売を成功させていったのか―。富山の主要産業でありながら、戦争という文脈ではあまり語られることのない売薬の歴史に興味が湧き、為治の次男、秀男(78)＝富山市安養坊＝の元を訪ねた。

「まだ小さかったから、当時の親父のことはあまり分からんなあ」。そう言いながら、上海で幼少期を過ごした秀男は1枚の写真を見せてくれた。37年、為治が経営した「重松大薬房」が日本軍の指定商になった際に記念に撮ったものだ。真ん中にいる、口ひげをたくわえた恰幅《かっぷく》の良い人物が為治。囲むように、社員とその妻子が写る。撮影場所は上海中心部の日本人街にあった本店の前だ。小学校の帰りによく店に寄ったという秀男は当時を振り返る。

「社員は日本人も中国人もなく、家族のようだった」

日本軍の指定商になった際に上海の「重松大薬房」前で撮影した記念写真。前列中央の眼鏡をかけた背広姿の人物が重松為治＝1937年

為治は1893（明治26）年、農家の三男として生まれた。薬売りを志し、県立薬学専門学校（現富山大薬学部）を卒業後、江戸時代から配置薬業を営む富山市の重松家の婿養子となった。日本の大陸進出に伴い、富山の売薬人たちが、こぞって海外での販路開拓を夢見た時代。為治も義父が上海に構えた店を継ぐため、1917（大正6）年に海を渡った。

信用と人助け。為治は中国の商慣習に適応しつつ、富山売薬の精神を重んじた。社内では日本人と中国人を対等に扱い、外では衛生状態の悪い貧しい村部を、疫病から救うため、ワクチンの確保に奔走した。地道に信用を築き、現地の薬房（薬局）への販路を広げていった。

ところが、逆風が吹き荒れる。第1次世界大戦後、反日感情の高まりから、中国全土で日貨排斥（日本製品ボイコット）の運動が激化。店はデモ隊に襲われ、中国人の社員は売国奴として迫害された。為治は、中国人社員を独立させることで守ろうとしたが、事態は収束しなかった。「日華親善に努めてきたのに（略）残念でなりませんでした」。戦後、回想録にそうつづっている。

軍の指定商になったのは大きな転機だった。中国での戦線拡大に伴い、医薬品の需要が増大。栄養不足による鳥目（夜盲症）を防ぐビタミン剤や、湿地帯でまん延したマラリアの治療薬など、各地の部隊から注文が殺到した。「同胞のため」と為治は昼夜なく大量の医薬品の確保に当たった。

秀男も1度、父に連れられて上海近郊に駐屯していた部隊に、救援物資と菓子を届けたことがある。敗戦近くのことだ。トラックで荷物を運び込むと、みんな喜んで迎えてくれた。ただ、兵隊たちは靴の代わりに布きれを足に巻き、武器として木の棒を抱えていた。そのみすぼらしい姿に、「これで勝てるのだろうか」と子どもながらに思ったのを覚えているという。

商売を通じて日中の友好に尽力した父、重松為治を振り返る秀男さん＝富山市安養坊

軍への納入を一手に請け負った重松大薬房は、上海で確固たる地位を築いた。その一方で、中国人相手の取引は決してやめなかった。

戦争による医薬品不足は中国側も同じだった。回想録に「国同士は争っていても、人情に東西の別なし」と記す為治は、軍への納入は日本人、現地の薬房への卸は中国人の社員に担当させることで体面を保ち、戦禍で犠牲になる命を一つでも減らそうとした。

上海に来て間もないころ、先代に言われた言葉を胸に刻んでいた。「日本を含む列強諸国は、中国人を酷使して自国製品をつくっている。だが、われわれの商売は、この国の人を大事にしなければ成り立たない」。戦争の特需が長続きしないことは明白だった。「中国人相手の商売こそ本分」。為治は上海に骨を埋める覚悟を決めていた。

2 国策

戦局悪化が営業に影

太平洋戦争前から戦中にかけて、砺波市出身の医薬品卸商、重松為治《かさまつためじ》は上海で商売を成功させた。同じころ富山の配置薬業者や薬問屋は、日本の統治下にあった朝鮮半島や台湾をはじめ、中国や東南アジア、ハワイ、遠くは南米や中東にまで進出していた。「日本人のいる所、富山の薬売りあり」という状況だった。

本格的な進出の先駆けは、配置薬業者が共同設立した県内初の売薬会社、廣貫堂だった。日清戦争の勝利で、1895（明治28）年に台湾が日本の領土になると、いち早く「売薬さん」の派遣を決定。富山日報（北日本新聞の前身）は「富山市のために喜ぶべきなり」と報じた。

その後、国が輸出売薬の税を免除する施策を取ったことも後押しとなり、富山の薬売りたちは、続々と日本を飛び出し、瞬く間に販路を広げた。

『富山県薬業史』の編さんに携わった、元県職員の高岡徹（64）＝富山市新屋＝は１９８３年、戦前戦中に海外で薬を売った富山県人４人から聞き取りをしたという。当時の取材メモが残っていると聞き、自宅を訪ねた。「みんな亡くなってね」。今となっては貴重な証言の数々が書き留められていた。

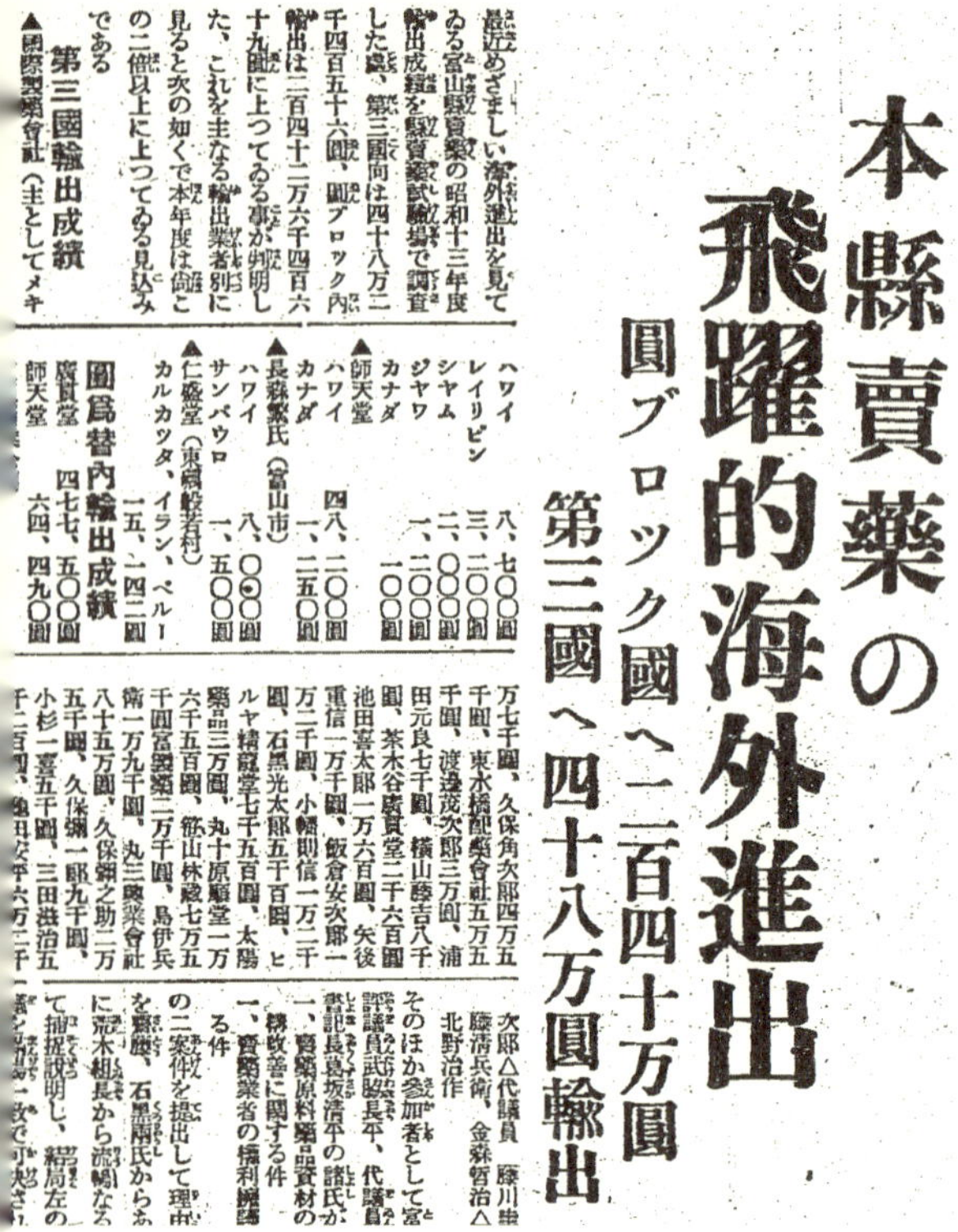
本縣賣藥の飛躍的海外進出
圓ブロック國へ二百四十万圓
第三國へ四十八万圓輸出

最近めざましい海外進出を見てゐる富山縣賣藥の昭和十三年度輸出成績を縣賣藥試驗場で調査した處、第三國向は四十八万二千四百五十六圓、圓ブロック内輸出は二百四十二万六千四百六十九圓に上つてゐる事が判明した、これを主なる輸出業者別に見ると次の如くで本年度は尙この二倍以上に上つてゐる見込みである

第三國輸出成績

▲國際製藥會社（主としてメキ

ハワイ	八、七〇〇圓
レイリピン	三、二〇〇圓
シヤム	二、〇〇〇圓
ジヤワ	一、二〇〇圓
カナダ	一〇〇圓
▲師天堂	
ハワイ	四八、二〇〇圓
カナダ	一、二五〇圓
▲長森繁氏（富山市）	
ハワイ	八、〇〇〇圓
サンパウロ	一、五〇〇圓
▲仁盛堂（東礪般若村）	
カルカッタ、イラン、ペルー	一五、一四二圓

圓圏替内輸出成績

廣貫堂	四七七、五〇〇圓
師天堂	六四、四九〇圓

万七千圓、久保角次郎四万五千圓、東水橋配藥會社五万五千圓、渡邊茂次郎三万圓、浦田元良七千圓、横山藤吉八千圓、茶木谷廣貫堂二千六百圓池田喜太郎一万六百圓、矢後重信一万千圓、飯倉安次郎一万二千圓、小幡則信一万二千圓、石黒光太郎五千百圓、ヒルヤ精龍堂七千五百圓、太陽藥品三万圓、丸十原順堂一万六千五百圓、笹山林藏七万五千圓富國製藥二万千圓、島伊兵衛一万九千圓、丸三製藥會社八十五万圓、久保綱之助二万五千圓、久保綱一郎九千圓、小杉一喜五千圓、三田洪治五千二百圓

次郎△代議員 藤川惣藤清兵衛、金森哲治△北野治作
そのほか參加者として富評議員武腰長平、代議員書記長島坂清平の諸氏が
一、賣藥原料藥品資材の獲得改善に關する件
一、賣藥業者の権利擁護る件
の二案件を提出して理由を説明、石黒雨氏からあに荒木組長から流暢なて説明し、結局左の

海外売薬の飛躍を報じる1939（昭和14）年10月11日の富山日報

「薬を預かれば病気になる」

17歳だった29（昭和４）年から、14年間にわたって台湾で配置薬業を営んだ成瀬貞一（滑川市）は、文化の違う地域で営業する苦労を振り返っている。

台湾には、薬を手元に置いておくと災いを招くという言い伝えがあった。成瀬は配置薬が広まるよう村長や警察官ら地元有力者に「先用後利」を理解してもらった上で、各家庭を説明して回った。いったん定着すると内地のように他県の業者との競合がなく、1日に200軒以上の新懸《しんが》け（新たな配置先）を獲得できることもあったという。

「飛躍的海外進出」。39年10月11日の富山日報が大見出しで報じたように、富山の薬売りたちは各地で大きな成功を収める。さらに41年に太平洋戦争に突入すると、医薬品を軍に供給する目的で海外売薬は国策として進められた。

しかし、売薬業者たちの召集や、戦況の悪化による輸送ルートの寸断が、次第に営業に影を落とし始める。

敗戦前年の44年、廣貫堂は軍の命令でビルマ（現ミャンマー）に支店を開設した。そこで勤めた17（大正6）年生まれの半田和敬（富山市）に関するメモも見せてもらった。

「現地の薬草で製剤」

ビルマに到着したものの、日本から送った

取材メモを手に、海外売薬を手掛けた県人の証言を振り返る高岡さん＝富山市新屋

製薬機械や原料は、米軍の潜水艦の攻撃に遭って届かなかった。薬草や生薬を現地調達して下痢止めや風邪薬を作り、何とか軍に納入した。

県薬業史のための聞き取りは、高岡の発案だった。資料の収集だけでは、海外売薬の全体像を記録できないと考えたからだ。「志を抱いて海外に飛び出した開拓精神に、心を打たれた」。集めた証言は、ともすれば歴史に埋もれてしまいそうな、戦時下の富山売薬の繁栄と、その挫折をありありと伝えた。

軍の指定商として、上海で盤石の地位を築いた為治もまた、敗戦の時を迎える。

3 再出発

日中友好の遺志 継承

日本の勢力圏拡大に重なるように販路を広げた戦時中の富山の薬売りたち。その多くが、敗戦と共に終焉《しゅうえん》を迎える。軍指定商として上海で隆盛を誇った医薬品卸商、重松為治《かさまつためじ》もまた、運命にはあらがえなかった。

「大事な物をまとめておけ」。為治の次男、秀男は1945（昭和20）年8月上旬、父からそう告げられた。街では既に日本のポツダム宣言受諾がささやかれていた。うわさは程なく現実となり、15日には家族そろって玉音放送を聞いた。

敗戦の悲しみに暮れる間もなく、蒋介石の国民政府軍が上海に入り、十数万人の日本人を一つの地区に集めた。「どんな仕打ちを受けるのか」。9歳だった秀男も不安を募らせたが、蒋は「以徳報怨」（恨みに対して徳で報いる）との方針を掲げ、略奪や襲撃から日本人を守り、引き揚げに便宜を図った。

その対応については、共産党との内戦に備えて、日本側との衝突を避けたとの説もあるものの、多くの日本人は寛大な姿勢に感謝した。為治は商売の継続を望んだが、店は没収された。翌46年、残った財産を全て中国人社員に分け与え、上海を去った。53歳。初めて大陸を踏んだ日から29年の歳月が流れていた。

・ ・

戦後、為治は富山市で一から会社を再興。社名を「カサマツ」にあらため、県内屈指の医薬品卸に育て上げた。晩年は日中友好協会県支部連合会長を務め、国交正常化に尽力した。しかし、上海で事業を再開する夢はかなわぬまま、82(昭和57)年に89歳でこの世を去った。

日中の友好を願う姿は、かつて彼の下で働いた中国人の目に焼き付いていた。この連載の第2章で、

重松為治の遺志を引き継いで上海に建設された老人病院
＝1995年

戦前の暮らしを紹介してくれた作家の遠藤和子（90）＝富山市千歳町＝は為治の死から数年後、功績を書き残すために上海へ渡り、数人の元社員にインタビューしている。日貨排斥（日本製品ボイコット）の嵐の中、売国奴とされた中国人社員を為治が懸命に守ったこと、戦争で傷付いた人を薬で救うため一心同体で働いたこと…。終戦から40年以上がたっていたにもかかわらず、元社員たちは「重松大薬房」での日々を克明に語った。

遠藤は「みな為治を父のように思っていた」と振り返る。

秀男はカサマツの専務だった95（平成7）年、兄で社長の尚《ひさし》、上海時代の最年少社員で戦後ドラッグフジイ（現ウエルシア）を創業した藤井与三治《よそじ》らと共に、上海に老人病院を寄付した。為治を「おやっさん」と慕い、遺志を継いで、中国との貿易を始めていた藤井は「恩返しができた」と喜んだ。病院は増築を重ね、今も地域医療を支える。

戦後70年。再び冷え込んでいる日中関係を、為治はどう思うだろう。秀男は言う。「親父は気にも留めないでしょうね。健在なら『商売に国境なし』と情熱を燃やし、再び海を渡るはずです」

インタビュー・あの日を語る

全国商工会連合会長　石澤義文さん

野球でつらさ逃れる

――1941（昭和16）年の真珠湾攻撃、つまり、日米開戦の知らせをどこで聞きましたか。その時の気持ちはどうでしたか。

小学5年生くらいの時でした。私自身は、現実的に戦争がどういうものか分からなかったが、「戦争だ、戦争だ」と大人が騒いでいたことを覚えています。「鬼畜米英」と言って、米国と英国を憎むような流れがありました。

――太平洋戦争に負けると思った瞬間はいつですか。

中学2年生の時、高岡の軍需工場に働きに行かされ、迫撃砲の照準を作っていました。お

石澤義文（いしざわ・よしふみ）
1934（昭和6）年、高岡市福岡町生まれ。福岡小学校、旧制高岡中学校、石動高校、金沢大薬学部を卒業。県議を63年から6期24年間、福岡町長を87年から高岡市と合併する2005年まで務めた。現在は全国商工会連合会長、高岡市政顧問などの要職に就く。

しゃか、いわゆる合格しなかった照準を製造した時に、こっぴどくしかられた。その時ふと、子ども心に「戦争に勝てるのか」と思いました。

無謀で感情的な戦争

――戦時下で最もつらかったことは何ですか。

食料難や厳しい軍事教練が記憶にあります。たたかれ、しかられた。当時から野球をやっていた。今思えば、つらさを逃れるために、必死に野球をやっていたのかもしれません。

――45（昭和20）年8月15日の終戦の玉音放送はどこで聞きましたか。その時の気持ちはどうでしたか。

ちょうど夏休みで、地元の福岡町（現高岡市）で川泳ぎをしていました。その日は親から「昼に重大な放送があるので、絶対家へ帰るように」と言われていました。サイレンが鳴ったと同時に帰宅すると、家族がみんな「戦争に負けた」と泣いていた。「当然だ、とは思わなかったが、とうとう負けたか」というような気持ち。涙が出た覚えはありません。同時に、まだ戦後の苦しみは分からないので、「また学校に行ける」と思っていました。

――太平洋戦争から今の日本が学ぶべきことは、どういうことでしょうか。

二度と戦争をやってはいけない、そのためにしっかりした、戦争に対する教育が大切だと思います。当初は兵隊への憧れもありましたが、士官学校に入学する先輩たちを悲しみながら見送るうち、つらくなった。無謀で感情的な戦争でした。あくまで話し合い、耐えることも必要。唯一の被ばく国でもありますし、その教訓を忘れてはいけないと思います。

ものは語る

「鉢巻き」――学徒動員の証し

小松良治さん（90）＝立山町前沢

日の丸とともに「神風」の文字が布地に書かれている。立山町前沢の小松良治さん（90）は、戦闘機の点火装置製造工場に学徒動員された戦時中、身に着けた鉢巻きを大切に保管している。

1943（昭和18）年以降、学徒出陣が本格化。理系学生の多くは徴兵が猶予されたが、代わりに労働者不足を補うため工場などに動員されるようになった。金沢高等工業学校（金沢大工学部の前身）で学んでいた小松さんも、44年5月から終戦直前まで東京の工場で従事した。

東京では空襲が激化し、恐怖が日増しに強くなる中で長時間勤務した。部品の不足が徐々に目立つようになり戦況への不安を内心感じたが、鉢巻きを身に着けて連日作業を続けた。「当時はそれ以上、疑問を持たなかった」

灰色の青春を送ったことは今も心から離れない。「学徒動員があったことを、今の若い人たちにも知ってほしい」と力を込めた。

学徒動員先の工場で身に着けた「神風」の鉢巻きを見つめる小松さん＝立山町前沢

ものは語る

「焼け落ちなかった蔵」――炭化した内部

小川　泰さん（70）＝富山市愛宕町

1945（昭和20）年8月2日未明に起きた富山大空襲。富山市愛宕町の小川泰さん（70）の自宅にある江戸時代に建った蔵は、炎に包まれても焼け落ちることはなかった。「あの空襲に遭った建物で、ここまで残るのも珍しいでしょう」

70年前のあの日、自身は旧婦中町に疎開していたが、家にいた祖父は命を落とした。蔵の内部の焦げた部分は、まるで炭のようだ。空気が少ない状態で蒸し焼きにされており、木炭の作り方とほぼ同じだからか。壁や天井、棚など炭化しているものの、かつての姿を伝える。

庭にある灯籠は空襲で一部が欠けており、焼夷《しょうい》弾《だん》の威力のすさまじさがうかがえる。小川さんは「空襲の記憶を伝えるため、自分が生きている限り、残していきたい」と話した。

空襲で蔵の内部が蒸し焼きとなり、炭化した状態で残る棚を見る小川さん＝富山市愛宕町

エピローグ

エピローグ　よみがえる県都

1 街路計画全国第1号

新生富山に美と防火

空襲で焦土と化した富山市は、どのように現在の姿となったのか。戦災復興の軌跡をたどる。

（室　利枝）

空襲で焼け残った富山県庁の屋上に、1人の地理学者の姿があった。

神戸大教授などを務めた田中薫だ。1946（昭和21）年2月、被災都市視察のため富山市を訪れた。後に、その眺めを雑誌『国民地理』に記している。「白木のバラックが雨後の茸《きのこ》のやうに（略）沢山《たくさん》建ちそろってゐる。見たところ四割程度の復興ぶりで、東京、大阪、神戸等及びもつかない光景である」

大空襲翌年の県庁（右手前）周辺。民家が建ち始めたのが分かる＝1946年

半年前の8月2日未明の大空襲で、市街地は99・5％が焼失した。その率は全国で最も高い。そんな富山の復興が、他都市と比べても目覚ましい理由の一つに、田中は、当局が復興都市計画をいち早く定めたことを挙げている。

新生富山市の骨格となる街路計画は45年12月29日、政府の戦災復興院の告示第1号に決まった。1月14日には焼け野原にくいが打たれる。計画の立案や調整の中心となったのが、県土木課職員の近石義巳《よしみ》だった。

在りし日の近石を知る県職員ＯＢを訪ねた。「小柄で、気さくな人でしたよ」。60（昭和35）年入庁の穴田昌《まさる》（77）＝砺波市庄川町金屋＝は新人のころ、戦災復興に携わった。事業は最終段階で、任務は区画整理後の測量。「毎日毎日、測量機械を担いで、仲間と自転車で市内を回っていた」

近石は、穴田が配属された富山復興都市計画事務所の初代所長。既に退職していたが、時折ひょっこり顔を出し、苦労話を語っていった。エピソードの数々は富山市が発行した『富山戦災復興誌』に残っている。

空襲直後、41歳だった近石は知事に呼ばれ、復興計画について問われた。示したのは、幅100メートルの広い街路を南北と東西に1本ずつ交差させ、市街地を4分割する私案。100メートル道路なんて今でも大胆と思えるアイデアだ。復興誌には「街路の中央は畑にして、必要に応じて交通部分を広げればいい」と

現在の富山市中心部。奥から真っすぐ延びるのが「城址大通り」で、手前を左右に走るのが「平和通り」

ある。

だが、終戦の混乱のうち私案は幻に終わる。ただ、「4分割構想」はその後の案に反映される形で残り、近石は上京を繰り返して復興院と折衝。メーンの街路幅を50メートルにする案で落ち着き、県の委員会に諮った。

しかし、ある委員が反対した。「そんな広い街路は不要。せっかくの道路に草を生やして物笑いの種だ」。当時の富山市長、石坂豊一《とよかず》。戦時中の衆院選で、政府に反発して大政翼賛会の推薦を受けずに敗れた人物だ。

一徹な石坂はここでも折れなかった。計画は曲折を経て、結局、街路幅は36メートルに縮小。後に「城趾大通り」と「平和通り」と名付けられ、今の富山のメーンストリートとなる。

復興誌には後日談がある。66年の復興事業の完成式

富山大空襲で家を失い、焼け跡に建てたバラックで暮らす人たち＝『写真集　富山県100年』（北日本新聞社）より

で、石坂が切り出した。「街路は今日では既に狭小を感じる。あのとき反対した不明をお詫《わ》びします。この石坂を笑ってください」。この言葉に、近石も「いささか慰む心地がした」と記した。

ちなみに「平和通り」の由来は戦争犠牲者が祭られる県護国神社から延びることを踏まえ、再び戦争が起こらないよう祈念したからという。

近石の計画にはどんな狙いがあったのか――。復興誌には「都市美と防火」との言葉があり、穴田は「戦災経験が念頭にあった」とみる。碁盤の目のような整然とした区画は、消火活動がしやすい。広い道路は類焼を防ぎ、避難場所にもなる。「単なる交通網じゃない。50メートル道路にはそういう考えがあったと思う」

富山市では2009（平成21）年、市内電車環状線が開通。平和通りにはLRT（次世代型路面電車）の近代的な車両が走り、公共交通を軸とした街づくりは全国から注目を集める。穴田は語る。「道路が広くないと電車は通せない。戦災復興は今につながっている」

2 富山産業大博覧会

復興から発展へ転換

快晴の空を祝賀飛行するジェット機の編隊が、色とりどりの紙吹雪を散らす。辺りの桜は満開だ。軽快なブラスバンドの響きの中、開門を待ちわびた人波がゲートをくぐった。

１９５４（昭和29）年４月11日、富山市が主催する富山産業大博覧会（富山博）が富山城址一帯で開幕した。大空襲で市街地が焼失して９年足らず。豊かな電源に恵まれた工業都市・富山の復興ぶりを発信するのが目的だった。

その熱気は、二・二六事件があった36年、ほぼ同じ場所で開かれた日満産業大博覧会と重なる。ただ、10日付の北日本新聞は「論説」で、満州との貿易の興隆期にあった戦前の日満博とは内容も規模も異なるとし、こう記す。

「観覧者には当時の事情と考えあわせ、ひときわ感慨を深いものにするであろう」

にぎわう富山産業大博覧会の会場。右奥は富山城天守閣、手前がＦ84ジェット戦闘機＝1954年。『富山博記念写真帖』（北日本新聞社）より

会場に入るとまず目を引いたのが、Ｆ84ジェット戦闘機だった。米極東軍が協力出品した目玉の一つだ。

当時、市職員だったタケオカ自動車工芸社長の武岡栄一（89）＝富山市安養寺＝は、仕事の合間を見ては米軍兵が戦闘機を組み立てる様子をのぞきに行ったという。県立富山工業学校（現・富山工業高校）を出て、戦時中は海軍に所属。「ジェット機に興味があってね。よく雑談しに行っとった」。博覧会誌をめくり、懐かしそうに目を細める。

会場は約16・5ヘクタール。富山市民球場12個分の広さに「電源と富山」といった

電力に関する展示施設のほか「世界の文化」「子供の科学」など40余りのパビリオンが林立。55日間で約74万人が足を運んだ。

武岡に富山博の印象を尋ねると、苦笑いが返ってきた。「今から見たら、ちゃちなもんや」。子供の科学館の模型電車が止まり、修理に呼ばれることもあったという。「でも、その時はちゃちとは思わんかった。物のない時代から、ここまで復興したんだなと。新幹線開業どころの騒ぎじゃないインパクトやね」

復興完了記念をうたう富山博だが、実際に全ての事業が完了したのは、66（昭和41）年。なぜ、12年も前に開催されたのか――。富山市郷土博物館の学芸員、浦畑奈津子（44）は「細かな事業は完了していなかったが、中心部の道路ができるなど人々の中で復興を感じるようになっていた」と説明する。

博覧会を開くため、復興事業や経済活動が促された。仮設だった富山駅や富山市庁舎、富山博の会場となる市公会堂や富山城天守閣を相次いで建設。「城址大通り」も富山駅から城址公園前まで完成し、会場の一部に使われた。「富山博は『復興』から『発展』に移る契機だった」

富山博は武岡にとっても転機となった。近所の看板業者に頼まれて、展示ブースの見取り図作りなどを手伝い、ものづくりの楽しさを再認識。役所を辞め、看板業を興した。高度経済成長の波に乗って業績を伸ばし、やがてミニカー製造で全国から注目を集める。

卒寿を迎えた現在も技術者、経営者として、第一線に立ち続ける武岡は振り返る。「自分の頭脳と技術さえあれば、鉛筆1本で稼げる時代に入った。一つの転換点だったんでしょうね」

富山産業大博覧会誌をめくる
武岡さん＝富山市安養寺

3 新幹線開業

ヤミ市から新時代へ

JR富山駅前。真新しい駅舎の前を、ビジネスマンや若者が行き交う。新幹線や在来線に加え、LRT（次世代型路面電車）も発着する。名実共に富山の玄関口だ。

その前に立つC・i・Cビルで、餅店「池乃端屋」を営む女性がいる。飛弾野ハツヱ（富山市山室）、81歳。1954（昭和29）年に富山産業大博覧会が開かれたころから駅前で商売を始めた。

街の移り変わりを聴くのに、うってつけの証人だ。「お話を聴かせてもらえませんか」。快諾を得て9月末、駅周辺を一緒に歩いた。C・i・C南側の出入り口前で立ち止まるハツヱ。「ここに店があったの。ちょうど『ヤミ市』の角でね。向かいはおすし屋さんやったわ」

街を廃墟にした45（昭和20）年の富山大空襲。だが、人々はたくましく、間もなく焼け跡にヤミ市ができる。『富山市史』も「富山駅前、西町、山室駅付近の三カ所に片屋根式小屋掛けの露店群がいつの間にか立ち並び（略）連日にぎわっていた」と記す。

ハツヱも父に連れられ、駅前のヤミ市に何度か足を運んだ。「革靴を買ってもらったのに、はいてみたら紙の靴だった」。物のない時代の苦労を、笑い話のように語る。

18歳のころ富山城趾の近くの餅店で働き始め、やがて店主だった清次との間に3人の子どもをもうける。博覧会開催の前に、ヤミ市の一角に空きが出たと聞き、店を構えた。「駅前に出るなんて、チャンスやったね」

空襲から10年近く。既に露店の姿はなく、駅に面した2階建ての「須田ビル」を中核に、約100店が

1955年、旧国鉄富山駅屋上から見た風景。右が須田ビルで、奥に富山駅前百貨街（ヤミ市）があった＝『写真集　富山県100年』（北日本新聞社）より

ひしめくアーケード街「富山駅前百貨街」が誕生していた。

ただ、雑然とした雰囲気は変わらず、市民は「ヤミ市」と呼んだ。魚屋、八百屋、海産物店、洋品店、薬局、書店…。「ここに来れば何でもそろう」と言われ、年末には正月用品を求める人で身動きができないほどごった返した。

高度経済成長期を迎え、ハツヱの店も「わやくに売れた」。年ごとに自分も周囲も暮らしが良くなるのを感じた。38歳で清次を亡くしてからは、女手一つで店を切り盛りした。朝4時から餅をこしらえ、夜10時まで店に立つ。山室の自宅向かいの作業場が手狭になり、40代で小さな工場に建て替えた。「借金せず、自己資金で建てました」。誇らしげな顔は、戦後を生き抜いたたくましさを感じさせた。

北陸新幹線が開通したＪＲ富山駅前で、ヤミ市時代の思い出を語るハツヱさん＝富山市新富町

1947年ごろの富山駅前のヤミ市＝『写真集　富山県100年』（北日本新聞社）より

70年代になると、富山駅前では、将来の北陸新幹線開業を見据えた再開発の機運が高まる。90（平成2）年に駅前百貨街は取り壊され、92年にＣｉＣが誕生。ハツヱの店を含む約15店が地下1階に移転した。

ところが、バブル崩壊や郊外店の進出で、わずか10年後にＣｉＣは経営破綻し、市の支援を受け再建。「ヤミ市」からの移転組で今も残るのは5店ほどだが、ハツヱは「昔からのお得意さんがおられるから」と、のれんを守る。

２０１５（平成27）年3月、東京と富山を約2時間で結ぶ、北陸新幹線が開業した。〝新顔〟と入れ替わるように、昭和の薫りを残す近くの「シネマ食堂街」の店々が5月末に閉店。跡地では新たな再開発ビルの計画が進む。

ハツヱの店にも新幹線効果が出始めた。県外観光客の来店が増えたという。「また忙しくなるんじゃないかと期待しとります」。1年前に脳梗塞を患いつつも「体が動く限り働き続ける」と、今日も早朝から工場に立つ。

駅前でハツヱは空を見上げた。70年前の「あの日」、防空壕《ごう》から臨む夜空は、烈火を映して真っ赤に染まっていた。開戦、敗戦、復興、発展。統制から自由へ。人々の営みや風景は変われども、陽光は何事もなかったかのように街を照らしていた。

資料と証言

あの日の新聞——戦争の記憶つなぐ

新聞は、時代を記録する。

例えば70年前の8月の北日本新聞。1日のコラムは富山駅のエピソードを取り上げた。戦災に遭った東京や大阪からの乗客のため、駅員がひしゃくで飲み水を配って回ったという。「ノドだけでは無く心まで溶けてほぐれる文字通りのウルホヒであった」

太平洋戦争末期の息も詰まるような空の下、いたわり合う人々の暮らしがあった。その上に、焼夷弾《しょういだん》が降り注いだ。翌2日未明の富山大空襲。一夜にして市街地は焼け野原に変わった。

記者たちはすぐにペンを取った。

3日の紙面は怒りと嘆きに満ちていた。トップ記事の見出しは「大和魂は断じて焼けないぞ」。コラムは新聞社が消失しても、輪転機を移してあった新川村寺田（現立山町寺田）で新聞製作を続けたことを伝え、県民に人や物の疎開を促した。戦災に遭いながら無休刊を続けたのは全国でも北日本新聞だけだった。

15日、終戦。１週間余りたった23日に１本の論説記事が載る。戦時中に新聞が権力の統制の下で「金縛り」になったと認め、「報道機関が真実を伝へるものと県民は信じて戴きたい」と訴えた。北日本新聞の戦後が始まった。

新聞は、記憶を掘り起こす。

１９７１（昭和46）年、夕刊で連載「富山大空襲」を69回にわたって続けた。読者の体験談や資料を基に大空襲をドキュメントとして再現。書籍化の際は埋もれていた被災者名簿も掲載し、多くの遺族や市民らが手に取った。

戦後50年を迎えた95（平成7）年には県などと「戦時下の暮らし展」を開き、千人針や慰問袋など苦難の時代を物語る４００点を展示。体験記も出版した。２００５（平成17）年は「戦後還暦」と題し、高齢化の進む戦争世代の声を届けた。

そして、戦後70年。「あの日の空」では、戦前戦中の時代の空気を追い掛けた。戦争の真実を胸に刻み、平和な明日への歩みを続けるために。

左から『富山大空襲』（1972年刊）、『私の戦争体験記』（95年刊）、『とやま戦後還暦』（2005年刊）

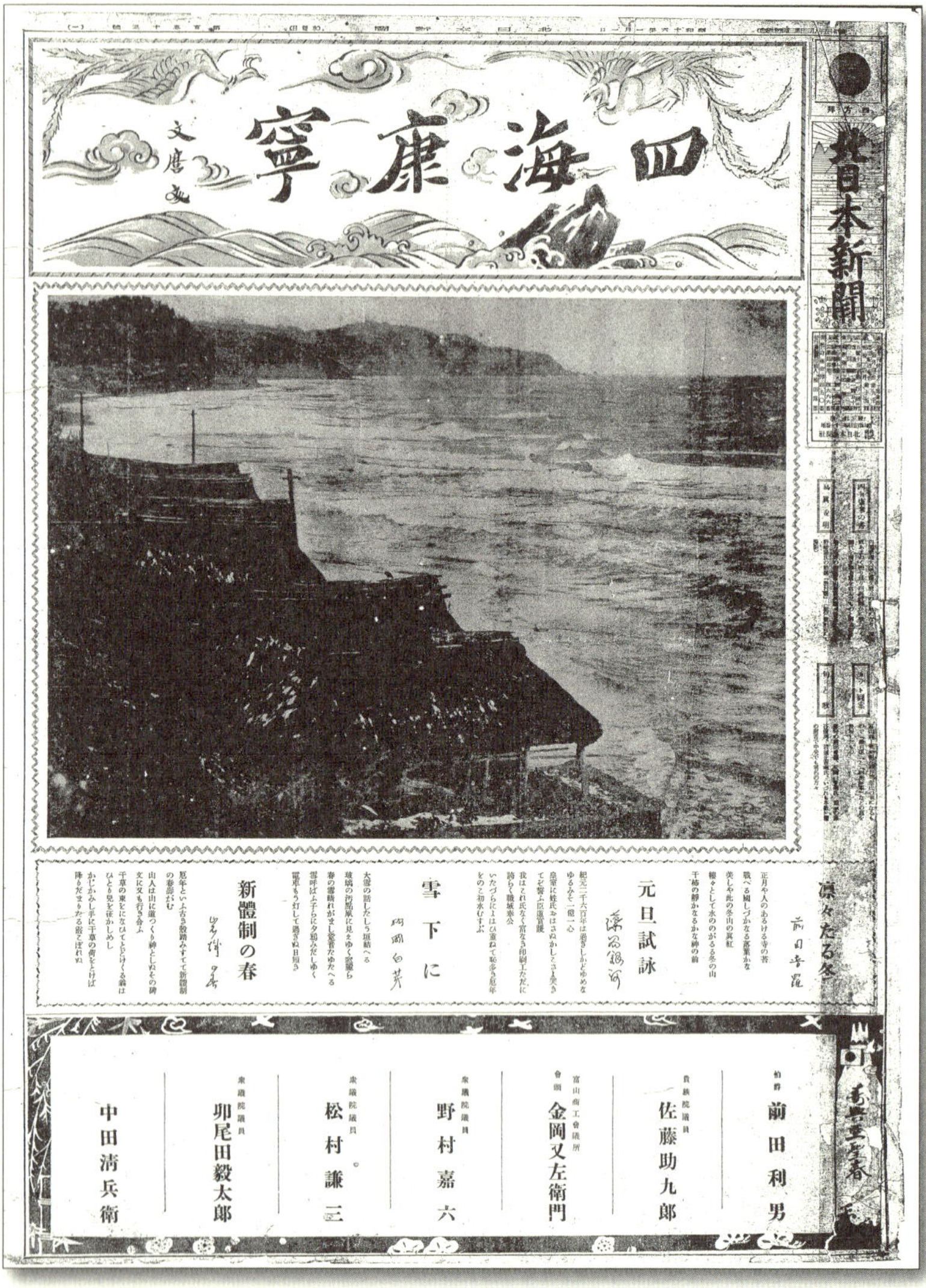

北日本新聞

四海康寧

凛々たる冬

元旦試詠

雪下に

新體制の春

伯爵 前田利男

貴族院議員 佐藤助九郎

富山商工會議所會頭 金岡又左衛門

衆議院議員 野村嘉六

衆議院議員 松村謙三

衆議院議員 卯尾田毅太郎

中田清兵衛

1941年1月1日北日本新聞1面

1942年1月1日北日本新聞1面

北日本新聞

畏し 天皇陛下御精勵

玉體御健かに大御戰を進めさせ給ふ

皇室の御近狀 宮相謹話

決戰の新年

嚴かな四方拜

節折大祓の御儀

宮中三殿で厳かに執行

論説

輝く元旦に誓ふ

勝抜け、千載一遇の年

大決戰を勝ち拔く

海軍の戰果を思ひ新たな決意

皇室の勞苦に感謝 戰力增强

1943 年 1 月 1 日北日本新聞 1 面

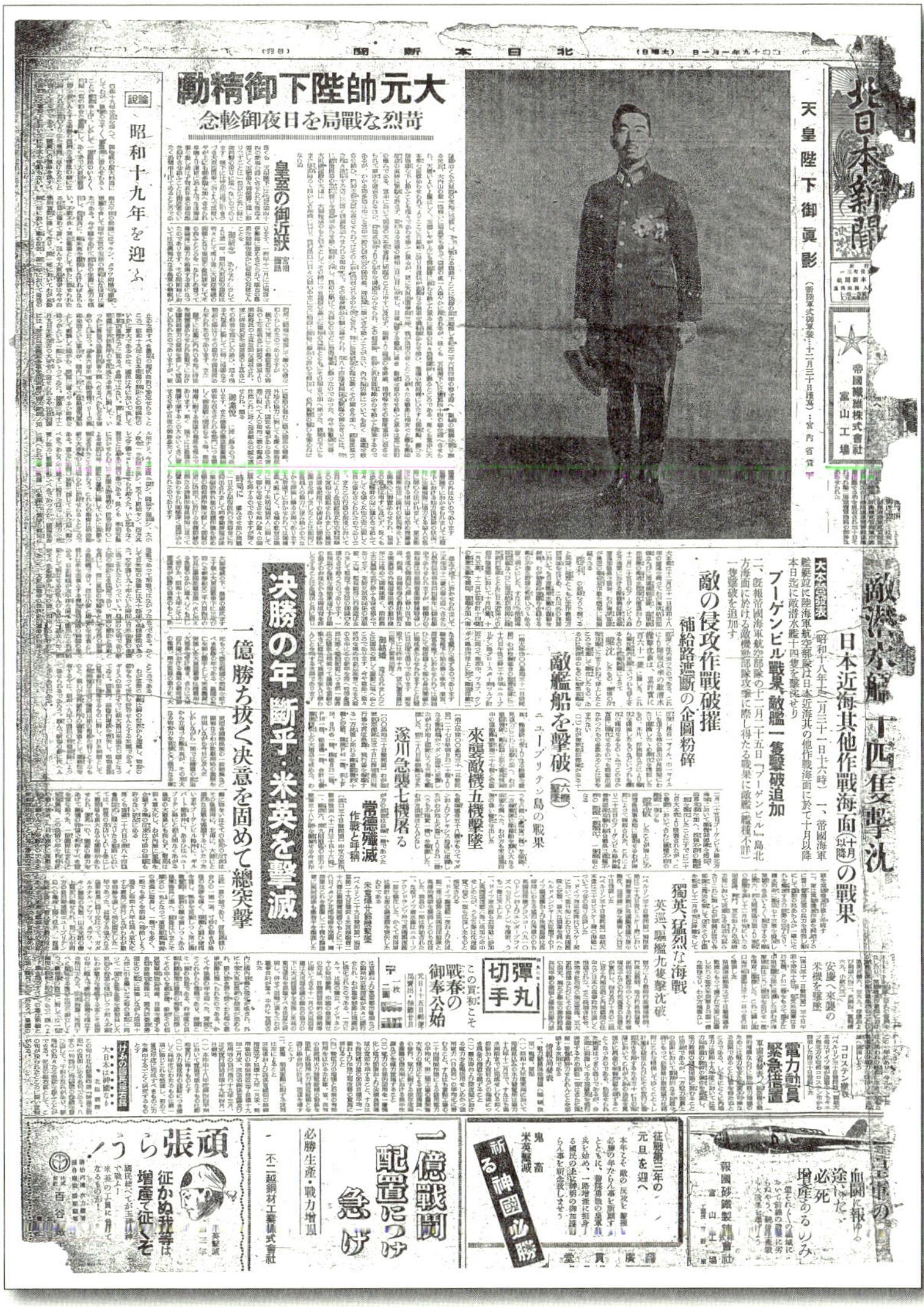
北日本新聞

大元帥陛下御精勵

苛烈な戰局を日夜御軫念

天皇陛下御眞影

社説 昭和十九年を迎ふ

皇室の御近状

敵潜水艦十四隻撃沈

日本近海其他作戰海面（十月以降）の戰果

大本營發表（昭和十八年十二月三十一日十六時）一、帝國海軍艦艇竝に陸海軍航空部隊は日本近海其の他作戰海面に於て十月以降本日迄に敵潜水艦十四隻を撃沈せり

ブーゲンビル戰果 敵艦一隻撃破追加

二、既報帝國海軍航空部隊の十二月二十五日「ブーゲンビル」島北方海面に於ける敵機動部隊攻撃に際し得たる戰果に敵艦（艦種不詳）一隻撃破を追加す

敵の侵攻作戰破摧 補給路遮斷の企圖粉碎

敵艦船を撃破 ニューブリテン島の戰果

決勝の年 断乎・米英を撃滅

一億勝ち抜く決意を固めて總突撃

來襲敵機五機撃墜

遂川急襲七機屠る

常徳殲滅 作戰と呼稱

獨英、猛烈な海戰

安慶へ來襲の米機を撃墜

電力動員 緊急措置

彈丸切手

この實物こそ戰春の御奉公始

頑張らう！ 征かぬ我等は増産で征くぞ

一億戰闘配置につけ急げ

必勝生産・戰力増强 不二越鋼材工業株式會社

鬼畜米英撃滅 祈る神國必勝

征戰第三年の元旦を迎へ

血闘に報ゆる途はただ必死増産あるのみ

帝國纖維株式會社 富山工場

1944年1月1日北日本新聞1面

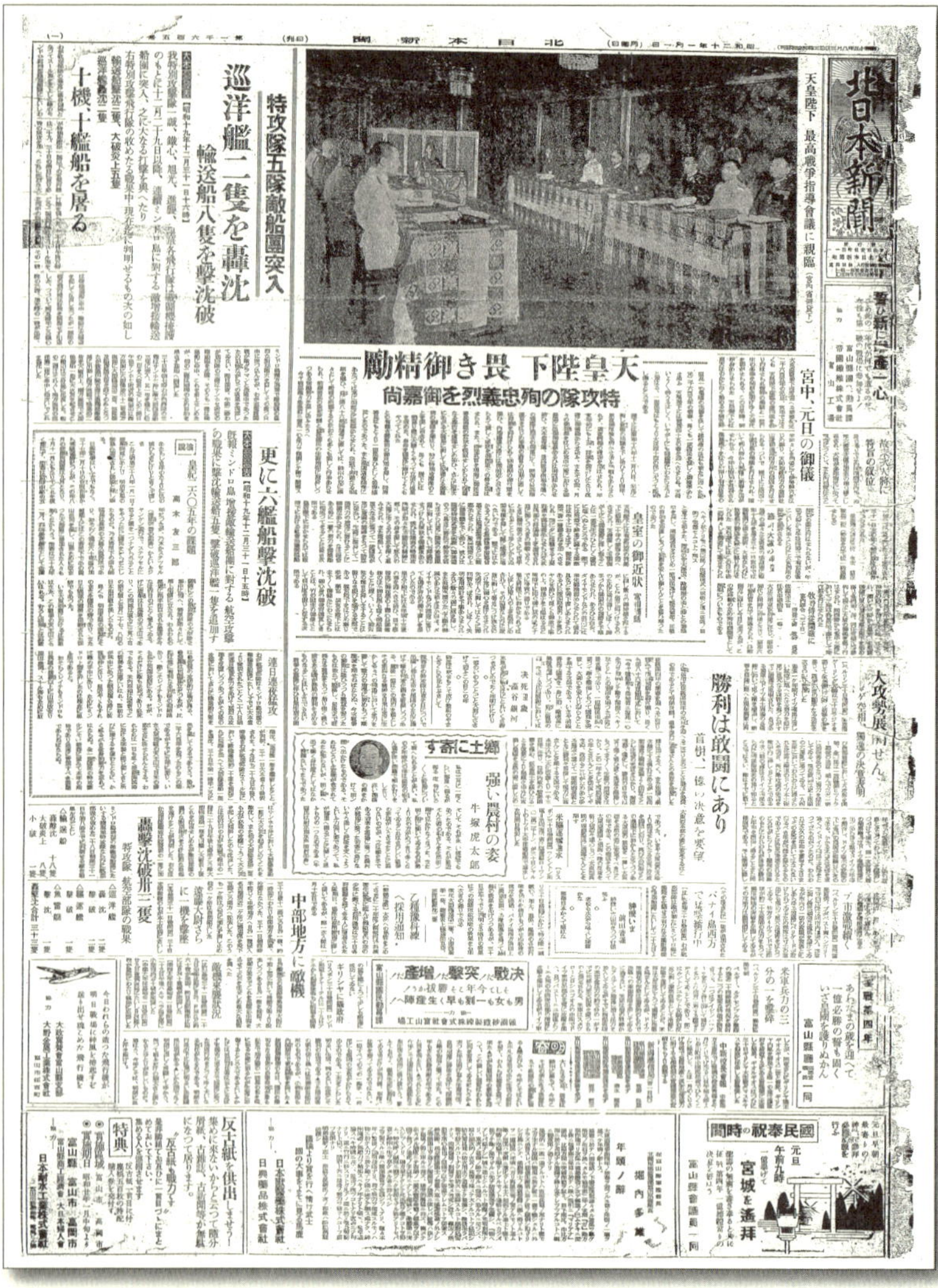
北日本新聞

昭和二十年一月一日（月曜日）

天皇陛下 最高戰爭指導會議に親臨

天皇陛下畏き御精勵

特攻隊の殉忠義烈を御嘉尚

宮中、元日の御儀

皇室の御近状

特攻隊五隊敵船團突入

巡洋艦二隻を轟沈

輸送船八隻を撃沈破

十機、十艦船を屠る

更に六艦船撃沈破

勝利は敢闘にあり

首相、一億の決意を要望

郷土に寄す

強い農村の姿

牛塚虎太郎

轟撃沈破卅三隻

中部地方に敵機

決戦だ 突撃だ 増産だ

國民奉祝の時間

元旦 午前九時 宮城を遙拜

反古紙を供出しませう

1945 年 1 月 1 日北日本新聞 1 面

1946 年 1 月 1 日北日本新聞 1 面

北日本新聞

機動部隊

清水港を艦砲射撃

空母十数 艦上機基幹 伊豆半島南方游弋

舞鶴へ艦上機二百数十来襲

呉地区で二百機以上撃墜破

沖縄の敵艦爆・九州を爆撃

ビルマ作戦に偉功

感状上聞輝く五部隊

インフレ現状と対策

高木友三郎

論説

恐れよ破壊力

厳戒要す最近の急調

更に二隻を屠る

敵艦船撃滅へ敢然出撃せんとする特攻振武隊

縦深陣地に釘付け

振はぬ女子隊に活

地固めは出来た、これから筋金

県義勇隊・発足二ケ月の戦訓

海運も義勇戦闘隊へ

けふ海相から編成下令

マライ反攻の打診

プケット来襲の敵企図

誇りもて進め

郡市週報

松根の供出大いに振ふ

1945 年 8 月 1 日北日本新聞 1 面

北日本新聞

B29約百機を始め
千廿餘機を撃墜破
軍事施設の被害僅少

陸海の邀撃戰備着々强化

沖縄の敵を猛攻

わが潜水部隊活躍 六隻を屠る

七月の來襲機一萬

インフレ現狀と對策 高木友三郎

惡性化に主役
戰災者の預金引出し

敵潜、苫小牧を砲撃

二旬に亘り近海游弋
來襲艦上機延八千機

栄光・親率の軍

瓦斯統制會設立

街道を分斷進撃
皇軍、全面攻撃を開始

敵出血三千

1945年8月2日北日本新聞1面

北日本新聞

大和魂は断じて焼けないぞ！

怒りを戦力として叩きつけろ

富山を七十機で暴爆

B29・二時間にわたり波状攻撃

燃え上る烈々の闘魂

兵器増産に揺ぎなし

死傷は僅少

全力挙げ救護

六百機で三軍管区へ侵入

長岡、水戸、鶴見、川崎

立川、八王子も攻撃

戦災から即刻立上れ

敵艦四隻で六島を砲撃

本土の陸海の戦備強化

一千余機を撃墜破

潜水部隊六隻を屠る

家庭生活を野戦化

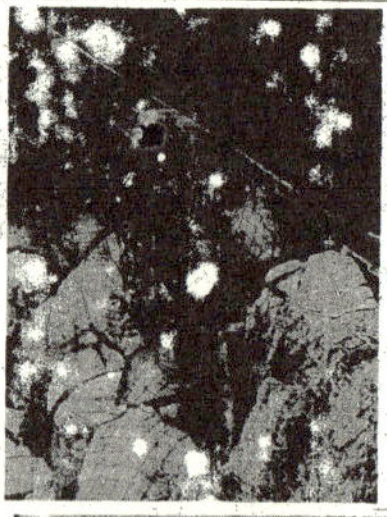

1945 年 8 月 3 日北日本新聞 1 面

北日本新聞

さあ・復興戰列へつかう

戰時住宅 急速に建設

戰災あと地は直ちに菜園化

取片づけは八日までに

非常給食を中止

要員住宅を一千戸

市營食糧配給所も開設

快速復舊 鐵道戰鬪隊に凱歌

インフレ現狀と對策 高木友三郎

論説 戰列整備への要諦

起て縣民、先づり災話を打切れ

罹災の話はいくら繰りかへしても飽きることがない。個人的には生死間一髪のきわどい經驗で、思ひ出す毎に背筋のゾクゾクする情景だ。生殘つた感激深く、語れば語るだけ生々とまぶたの裏に蘇る。その上他人が聞き惚れるので話題は雪達磨の如くふくれあがり、更に他人の話題も加へて話術はいよいよ上達する。かくて罹災話はアツチでもコツチでも夢中に繰りかへされる。然り、目下全縣百萬の縣民が罹災話に夢中である。その當座は之もひとつの愛嬌であつた、勇士の手柄話にもさも似て戰訓交換の一機會とも云へたであらう。但し戰災後三日間も經過するいま未だこの態たらくとはあきれて言葉も出ない。戰災はもとより覺悟の前ではないか。問題は戰後第一に何を爲したるかに在る。しかも今さらわれらに何を爲すべきの疑問なぞ無い。キリキリ必死の一本道があるだけだ。卽ち復仇の大決意と戰列復歸によるその實踐のみ！もうあれから三日目だ、いい加減に愚にもつかぬ無駄話は打切らう。他人が訊いたら、ただこれだけを輕く笑つて答へやう。曰く『ああ一寸やられたよ、然しもう仕事も始めてゐる、なに君、戰爭だもの、勝つまでにはいろいろの事があらうさ』

温く抱け戰災者

今こそ徹せよ一億戰友愛

猛火中に電話死守

岡本知事を泣かせた部下の敢闘

耳をおほひ眼を塞ぎ

ボロ船で大海をゆく

かゝる愚をなす勿れ

あの夜役たつたわが戰訓

殊勲・代用バケツ

藏の戸に隙間封じ

敢闘精神こそ第一

高岡市民への戰訓

焦土に日傳隊活躍

明窓

1945 年 8 月 4 日北日本新聞 1 面

●詔書を全文掲載

「けふ正午・国民よ聴け　真に空前の重大放送」

1945（昭和20）年8月15日の北日本新聞は、1面トップでラジオ放送を聴くことを促す異例の紙面となった。放送は「玉音放送」のことだ。

翌16日の1面は「聖断降る・米英支ソ共同宣言を受諾」「平和再建の大詔《だいしょう》喚発《かん》さる」と見出しを立て、終戦の詔書を全文掲載した。

トップ記事は原爆によって日本は態度を改めなければならなかったとし、国民は助け合って最大の苦難を打開しなければならないと訴えた。

岡本知事は談話で「神国の不滅を信ぜよ」「一億の団結を固めよ」と呼び掛けている。2面には皇居の方角を向いてひれ伏す国民の写真のほか、「デマに迷ふな！」の見出しで公共交通の運行や配給が平常通り行われることを伝える記事が見られる。北日本新聞社は富山大空襲で本社が全焼し、新川村寺田（現立山町）の工場で朝刊の発行を続けていた。詔書は漢字と片仮名で表記するため、紙面製作に使う片仮名の鉛活字の数が足りなくなり、急遽印鑑業者に彫ってもらった。

北日本新聞　昭和二十年八月十五日（水曜日）

讀賣報知　中部日本新聞　毎日新聞　朝日新聞

けふ正午・國民よ聽け
眞に空前の重大放送

十五日正午重大放送が行はれる、この放送は眞に未曾有の重大放送であり、一億國民必らず聽取せねばならない

沈毅・國體護持の大道をゆかん

敵米の新型爆彈による我が都市に對する爆撃の開始と、ソ聯の對日戰宣言とにより戰局は最悪の事態に立ち至つた、これに對して政府は十日の下村情報局總裁の談話によつて『正しく國體を護持し、民族の名譽を保持せんとする最後の一線を護るため最善の努力をなしつゝあり』と聲明して以來、國民は齊しく政府の善處を待望してゐたところ、政府は愈々最後的態度を決定し、別項の如く十五日正午を期して新聞、ラジオを通じて中外に發表することゝなつた、いふまでもなくこの發表は眞にわが國有史以來未曾有の發表となるものとされてゐる、しかしながらそれがいかにわれわれ國民の豫想を絶した内容であらうとも、この際こそわれわれ國民に最も肝要なことはあくまで沈毅　陛下の政府のなさんとするところを信頼することである、一時の激情に驅られて輕挙し、悠久なる國體の護持＝民族の名譽保全の大道を踏み誤つてはならない、いふまでもなく局難に際して屈せざるは由來わが大和民族の長所である、天はわれわれに一大試煉を與へんとしてゐるが、試煉がいかにわれらに辛くとも、三千年來のわれらの父祖が戴き奉つて來た萬世一系の大君が嚴として在はすところ、君民一體の崇高なる國體は完全に護持されるとともに、民族の榮譽もまた牢固として確保されるのである

ソ軍、羅津に上陸
牡丹江でも激戰展開

主力に合流
ベグー有力部隊、大轉進に成功

バリツク斬込
除奮戰

米英科學者共同
五年前から研究
原子爆彈・トルーマン發表

ド・ゴール訪米

1945 年 8 月 15 日北日本新聞 1 面

北日本新聞
平和再建の大詔渙發さる
聖斷下る・米英支ソ共同宣言を受諾
常に爾臣民とともにあり
萬世の爲に太平を開かん
遺族に大御心「五内爲に裂く」と言はせ給ふ
詔書
「朕の一身如何にあらうとも」
阿南陸相自刃す
鈴木内閣總辭職
日本軍の戦闘停止
共同宣言受諾の交換公文
預貯金の安全確保
ポツダム宣言正文
光を信ぜよ

1945年8月16日北日本新聞1面

北日本新聞 （二） 昭和二十年八月十六日（木曜日）

忍苦・將來に生きん

承詔必謹・大御心に歸一

内閣告諭

本日畏くも大詔を拝し帝國は大東亜戰爭に從ふこと實に四年に近くしかも遂に聖慮をもつて非常の措置によりその局を結ぶのほか途なきに至りたるは臣子として恐懼謂ふべきところを知らざるなり

御命奉 耐へて

詔勅に哭く赤子の群

二重橋前に額づき斷腸の誓

昭和二十年八月十五日畏き御詔勅は下された、大内山は寂として

銘肝せよこの日

新たな勇氣で荊の道へ

山こそ"民族の故郷"

開發推進委員會から調査班

住宅、農具なども世話

國體護るこの一鍬

"詔勅と農民"

自給自生の道 石黒武夫氏

1945年8月16日北日本新聞2面

戦前から敗戦までの出来事

1937	昭和12	7月7日	盧溝橋事件・日中戦争おこる
1938	13	1月16日	「中国国民政府を相手にせずとの対華声明」(第1次近衛声明)
		4月1日	「国家総動員法」公布
		11月3日	東亜新秩序建設の声明(第2次近衛声明)
1939	14	4月12日	「米穀配給統制法」の公布
		5月12日	ノモンハン事件
		10月18日	「価格等統制令」公布
1940	15	8月1日	1県1紙の方針で県内4紙が統合し「北日本新聞」が創刊
		9月23日	日本軍、北部仏印に進駐
		27日	日独伊三国軍事同盟成立
		10月12日	大政翼賛会発会式
1941	16	3月31日	県「国民学校令施行細則」の通牒を発する
		4月13日	日ソ中立条約締結
		12月8日	対米英宣戦布告（太平洋戦争～）
1942	17	1月20日	「繊維製品配給消費統制規則」公布
		6月5日	ミッドウェー海戦
		7月11日	「金属類特別回収富山県実施要綱」の制定
1943	18	12月1日	第1回学徒出陣
1944	19	1月18日	「緊急学徒勤労動員方策要綱」閣議決定
		8月23日	「女子挺身勤労令」が公布される
		29日	「帝都学童集団疎開受入要綱ニ関スル件」の通牒を発する
		9月14日	「学徒勤労徹底強化ニ関スル件」の通牒を発する
		11月24日	B29 東京初空襲
1945	20	3月17日	硫黄島の日本軍全滅
		4月1日	米軍、沖縄本島に上陸
		7月16日	富山・高岡両市の国民学校28校が初等科の全授業を停止する
		8月2日	富山大空襲(未明)
		6日	広島に原爆投下
		8日	ソ連対日宣戦布告
		9日	長崎に原爆投下
		15日	終戦の詔書を放送
		21日	県が燈火管制の解除について告示する
		9月2日	降伏文書調印

富山大空襲で大半の建物が焼けた富山市内。市内電車の線路の右側の奥には旧富山大和が見える

オフィスビルなどが建ち並ぶ現在の富山市内。旧富山大和跡地には再開発ビル「ＴＯＹＡＭＡキラリ」が建設された

100歳——世紀の証言者

終戦から70年。当時20歳だった若者も2015（平成27）年で90歳になる。日中戦争や太平洋戦争の記憶が薄れていく中、「あの日の空」を覚えているお年寄りたちの証言を集めようと、100年という「世紀」を生きた5人を訪ね、その声に耳を傾けた。

●中川ミヨさん＝滑川市上島　先人の苦労忘れない

「お国のため、一生懸命に働いてくたはれ。子どもたちは何があっても私が守りますから」。そう伝えると、軍服に身を包んだ夫は安心したような表情を浮かべた。その優しい顔は今でも目に焼き付いている。1937（昭和12）年9月、日中戦争で徴兵され、富山市五福にあった陸軍歩兵第35連隊の前で出征の見送りをした時のことだ。

翌38年5月、夫は中国・蘇州で戦死。最愛の人を失った悲しみは大きかったが、それ以上に、残された3歳の長女と1歳の長男と共に生きていくのに必死だった。昼間は田んぼで汗を流し、夜は家でむしろ織り。農閑期は岩瀬港で船の荷下ろしをしたり、土木工事を手伝ったりして生計を立てた。「父ちゃんがおらんなったから2人分働いた。休む間なんてなかった」

ラジオはもちろん、新聞を買う余裕もなかった。働き詰めの毎日で、日中戦争が太平洋戦争に発展したことも知らなかった。「戦争が良いこととも悪いこととも分からんかった。ただ、日本は勝つもんだと信じとった」。だから、親戚の家で玉音放送を聞いたときは涙が流れた。

働き詰めだった戦時中を振り返る中川さん＝滑川市

98歳まで畑仕事を続けた。「元気に生かしてもらっとるがは、先の人の苦労があったから。そのことを忘れたらあかん」

●酒井榮一さん＝富山市大江干　仲間の死　何のため

「日本兵は皆、殺される」。1945（昭和20）年8月、中国湖南省で日本軍の作戦に携わっていた時、現地の子どもたちに罵倒された。計3度召集され、いずれも中国大陸に渡ったが、ここ

3度にわたる出征体験を語る酒井さん＝富山市

まで反日感情が悪化したことはなかった。1カ月ほど前には現地の日本軍の飛行場に軍用機の張り子が並んでいるのを見た。「日本はもう、戦えないのではないか」。疑念はすぐ現実となった。

へき地にいたため、1日遅れで終戦を知った。中隊長から伝達を受けると体の力が一気に抜け、それから怒りがこみ上げてきた。「仲間たちは一体何のために死んでいったのか」

日本を守るため戦うことが忠義の道と固く信じていた。懸命に勉強して入った中学では厳しい軍事教練を受け、教官からは日本にとって満州がいかに重要かを教えられた。

太平洋戦争が始まった時は、「アメリカには勝てない」と考えていた。日本には兵器も人も足りないことを、先の日中戦争で身をもって知っていたからだ。ただ、そんな本音を口にすることはなかった。赤紙が来たら「ありがとうございます」と応じ、家のカイニョ（屋敷林）に恭しく日の丸を掲げた。「あのころの日本人は、そういうものだった」

●彼谷鐵雄《てつお》さん＝高岡市鷲北新　召集3度　飢えと闘う

「気の毒やけど…。また来ました」。役場の職員は申し訳なさそうに赤紙（召集令状）を差し出したという。自身にとって日中戦争、軍隊の訓練に続く3度目の召集。44（昭和19）年12月、富山歩兵第69連隊として、日本軍の拠点の一つだった南方のトラック島に向かった。

島は攻撃を受けなかったものの、物資はほとんど届かず、食糧不足が慢性化。ネズミ、カタツムリ……。食べられるものは何でも食べた。栄養失調で命を落とす仲間も多く、「ここで死ぬのだろう」と覚悟を決めた。

トラック島での体験を振り返る彼谷さん＝高岡市

玉音放送は聞いていない。いつ戦争が終わったかも知らない。上官は何も言わず、負けたといううわさだけが広まった。軍旗を燃やし、武器を海に沈めた。45年12月、米軍の船が迎えに来た。船中で食事が与えられた。飯ごうの中のご飯は自分も上官も同じ量だった。「軍の身分が無くなったのだと分かった。それが戦争が終わるということだった」

常夏の島から戻った日本は真冬だった。夏服を2枚重ねて地下道を歩くと、老若男女さまざまな人がござを敷いて物乞いをしていた。「『何かちょうだい』と話し掛けられても、自分も何も持っていなかった」。あの日の寒さの記憶は今も消えることはない。

●寺﨑新吉さん＝魚津市本新町　紙一重の差　生き残る

赤紙（召集令状）が来たのは42（昭和17）年秋、28歳の時。横浜で運転手として働いており、半年前に長女が生まれた。「この年になって召集されるとは思わんかった」

マイナス40度以下にもなる寒い満州で、厳しい訓練を受ける日々。「便所で長女の写真を眺めることだけが楽しみやった」。44年、米軍の本土上陸阻止のため沖縄の伊良部島へ。本土からは食料の支援はなく、空腹と米軍の攻撃の恐怖に闘い続けた。

「サンゴの島で植えたサツマイモなんか大きくならん。むしった草を、軍医に食べられるか聞いとった」。腹を壊して死んだ仲間もいた。「腹が減って眠れん」と訴える声は今も忘れられない。

伊良部島は小さな島で、結局、米軍の上陸はなかった。近くの宮古島には空襲が相次ぎ、その

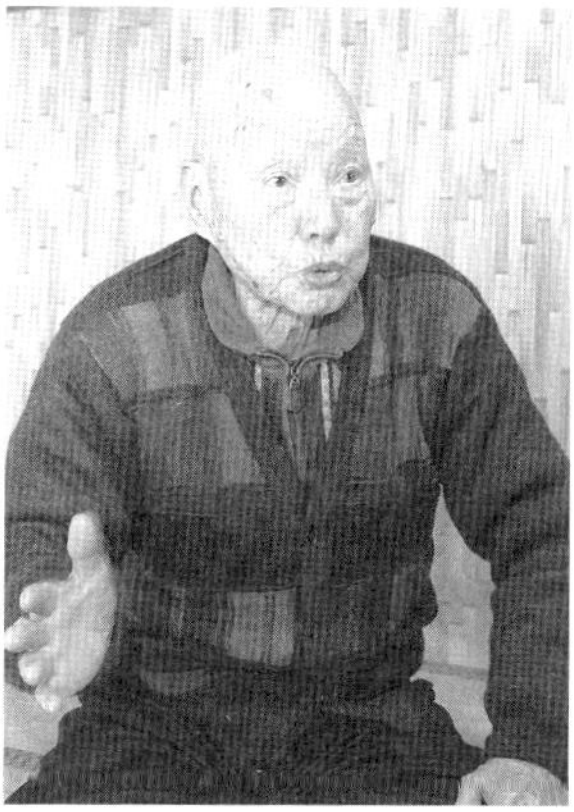

「戦争中は死の恐怖と空腹に耐え続けた」と振り返る寺﨑さん＝魚津市

光景をぼう然と眺めたという。終戦から3カ月後に故郷に戻った。「迎えの船が来るまでの3カ月が3年にも感じ、本当に長かった」

紙一重の差で生き残ったと強く思う。満州に残った仲間は終戦後にシベリアに連行され、多くが亡くなった。宮古島に配属されたら空襲に遭っていただろう。

「何で負けると分かっとった戦争をやっちまったのか。おらぁ、ぼんくらだからよう分からん。でも、その疑問はずっと消えん」

●若林みどりさん＝富山市諏訪川原　娘連れ焼夷弾逃れる

45年8月2日未明の富山大空襲。「忘れようにも忘れられん。子どもを助けたい一念でした」。焼《しょう》夷《い》弾《だん》の降る中、2人の娘を連れて逃げた恐怖は今も鮮明に覚えている。

「今晩、米軍の飛行機がくるから、神通川の橋の下に行った方がいい」。1日夜、夫が仕事先から自転車で帰宅し、それだけ言うと慌ただしく戻った。町内では少し前から「富山にもB29がく

富山大空襲で九死に一生を得、「命があってよかった」と話す若林さん＝富山市

る」とうわさになっていた。

7歳の長女の手を引き、生後間もない次女をおぶって神通川に。河原は既に避難してきた人でいっぱい。「ここはだめだ」と思い、城址公園へ逃げた。公園手前のどぶ川にかかる橋が腐りかけていたため、土手を降りたところで動けなくなり、腰まで水に浸かってじっとしていた。

しばらくすると本当に飛行機がやってきて、焼夷弾をばらまいた。夜空に無数の光が降り、恐怖と裏腹に「花火よりきれいだな」とぼんやり考えていた。〝花火〟はどぶ川の橋の上にも落ちた。

爆撃がやみ、空は白んできた。周りの草むらには亡くなった人が何人も横たわっていた。家も蔵も灰になったが、家族はみんな無事だった。「夫の言うように逃げて良かった。焼夷弾に当たらんかったんは神様、仏様のおかげです」

「世紀の証言者」の皆さんに聞きました

1. 日米開戦時の気持ちは？
2. 太平洋戦争は勝つと思った？
3. 負けると思った瞬間は？
4. 最もつらかったことは？
5. 玉音放送はどこで。その時の思いは？
6. 敗戦からいまの日本が学ぶことは？

寺﨑さん

1. 召集を受けると思ってなかったので、正直、あまり戦争に関心がなかった
2. 米国のような大国に勝てるわけがないと思った
3. 開戦直後は良かったが、その後はやられっぱなしと周りから聞かされた
4. 家族と会えなかったことと、とにかく空腹がつらかった
5. 沖縄・伊良部島にいて聞いていないが、すぐにうわさで負けたと知った
6. よう分からん。でも、勝つ見込みのない戦争をした疑問はいまも残る

若林さん

1. 富山の街が空襲で焼けるとは思ってもみなかった
2. 鉄砲を担いだ兵隊さんの往来を見ていたので、負ける気がしなかった
3. 負けると感じたことは特になかった
4. 空襲に遭ったこと
5. その時の記憶は残っていない
6. 昔を思うと、いまはいい時代。もう戦争はしたら駄目

彼谷さん

1. 覚えていない
2. 負けるとは思っていた
3. 米軍に抵抗できなかった時
4. トラック島でご飯が食べられなかった
5. 聞いていない。兵隊には情報は知らされなかった
6. 米国に守ってもらえばいい。今の若い人は戦争に行かないだろう

中川さん

1. 新聞を買う余裕もなかったので開戦を知らなかった
2. 勝つと信じていた
3. 負けるとは思わなかった
4. 夫が戦死し、幼い子ども2人を1人で育てていかなければならなくなった
5. 親戚の家で聞き、悲しくて涙が出た
6. 今の平和は先人の苦労のおかげ

酒井さん

1. アメリカと戦争をしても長続きしないだろうと思った
2. 短期戦なら講和の際、有利な条件を引き出せる可能性があると考えた
3. ガダルカナル島撤退の報を聞いた時
4. 終戦を告げられたこと
5. 当時は中国のへき地にいて聞いていない
6. 国を守るためには経済や外交など、兵器に替わる「武器」が要る

記者座談会――不戦の心忘れない　未来に語り継ぐ

戦後70年の2015（平成27）年、大空襲に遭った富山の地で発行を続ける北日本新聞は、大型企画「あの日の空」に取り組んだ。連載は自らの紙面を検証するプロローグからスタートし、戦前から復興までの政治や社会の情勢、県人が出征した戦場、銃後の暮らしを探り、現代の視点から複眼的に取材した。担当は20代～40歳の記者7人。記憶の風化は新聞社も例外ではなく、若手や中堅が理解を深める意図もあった。10月15日から始まる第68回新聞週間に合わせ、多くの証言に耳を傾けた記者たちが、「思い」「伝える」をテーマに語り合った。

●「思い」編

言論統制、厳しさ知る

稲垣　連載を始めるに当たって、記者同士で「戦前から取り上げよう」という話になった。「なぜ日本は戦争に向かったのか」との問いに向かい合わなければ、戦中編には入れないという思いだった。

室　戦前に軍部が台頭する中で、平和や政党政治の存続を模索した政治家を取り上げた。今では悪名高い大政翼賛会も当時、県内でも好意的に受け入れられた。国全体が戦争に突き進んだ時代、体制に疑問を持つ政治家も世論の流れにはあらがえなかった。その世論に、新聞が加担したことは忘れてはいけない。

中谷　議会政治を重んじた南砺市出身の故松村謙三氏の記事に「いまの日本を、泉下の松村はどう見ているだろうか」とあったが、現在の政治をどう見ていると思う？

室　松村は１９５９（昭和34）年の自民党総裁選で安倍晋三首相の祖父に当たる岸信介の再選阻止を掲げて出馬。金権政治や日米安保改定の強行、反中国姿勢などを批判し、予想を超える支持を集めた。生きていれば、今の政権にもの申していたのではないだろうか。

島津　新聞と戦争に関して言えば、富山大空襲を取材し、情報統制や「日本は負けない」という思想の統一がなければ、助かる命もあったと思う。富山が空襲に遭うという情報があったほか、米軍も予告ビラをまいた。もし、新聞が大きく取り上げ、避難を勧告したらどうなっていたか。

空襲後、北日本新聞は「死傷は僅少」との記事を報じた。自分がその場にいたら、どういう記事を書けた？

浜田　「僅少」とは書きたくないし、仮に「書け」という上司がいたら反発したと思う。だが、当時の言論弾圧の厳しさやそれを受け入れた社会の状況は、今の自分がいくら想像しても完全に理解することはできない。

柳田　正直、いくら考えても分からないが、見たことをそのまま書きたい。ただ、あくまで今の自分の感覚。当時だったら、「僅少」と書くことで絶望から県民を救う一面があると思ったかもしれないし、ありのまま書くことで必要以上に市民の心を傷つけるのは嫌だと考えたかもしれない。それ以前に空襲による惨状を直視できたかどうか…。

稲垣　記者たちが、ただ当局の言いなりになっていたとは思えない。郊外にいた記者が木に登り、焼き尽くされる街の様子を描写した「雑観」は恐ろしいほどの迫力があった。「僅少」とは明らかに矛盾する。言論統制に縛られながらも「いかに事実を伝えるか」を考えていたのかもしれない。同じ記者としてその苦悩が想像できるからこそ、そんな社会を二度と生み出してはいけない。

中谷　「自分なら命を賭して事実を伝えた」と言いたいが、強力な検閲の下では「僅少」と書かざるを得ないと思ってしまう自分もいる。読んだ市民は一目で虚報だと分かるはずで、新聞人としてむなしく感じただろう。一記者の問題ではなく、言論統制を許した社会全体の問題だ。

高嶋　組織や大きな力に、個人として「間違っている」と言える勇気はあるか――。連載を執筆し、常に自問自答していた。それは、BC級戦犯裁判で死刑となった富山県人を取り上げたから。判決理由は現地民の処刑。しかし、調べると、中止を上申したものの命令にあらがえなかったという悲劇があった。公害との共通点も感じる。水俣病では、原因企業の付属病院医師が自らの会社に原因があると突き止めながら、隠蔽《いんぺい》を図る企業に逆らえず、公表が遅れたという。「間違っている」と言う市民の勇気をしっかりと汲《く》むのも新聞の役割だと思った。

●「伝える」編

生の声集めるべき

浜田　連載では「話を聞きたい人が既に亡くなっている」ことが各記者共通の悩みだった。近い将来、生の証言が得られない時代が必ずやってくる。今後の戦後に関する報道は、どうあるべきか考えないといけない。

室　同感だ。特に戦前編では当時の政治に関わった人は既にこの世を去っており、文献に頼らざるを得ないことが多かった。松村謙三の話も出たが、できれば、取り上げた政治家たちに直接、思いを聴いてみたかった。

高嶋　取材の過程で「数年早かったら…」と思うことは何度もあった。ただ、悪役として描かれるケースが多い「戦犯」や「憲兵」の物語は、歳月が過ぎ、遺族が冷静に向き合えるようになったからこそ記事にできた。いまだからこそ聞ける証言や書ける記事があるという視点も大切にしたい。

柳田　70代以上の多くの女性の証言を聴き、当たり前のように使っていた「戦争をしてはいけない」という言葉が、「戦争をしたくない」という思いに変わった。家族が戦死したり、感情を押し殺したり。そんな暮らしは心から嫌だ。したくない。歴史の表舞台に立つことのない市井の人たちすべてに歴史があり、私たちとつながっている。だからこそ、今のうちに話を聴きたい。教科書は大まかな歴史しか教えない。戦争という時代を知る人たちが存命のうちに、生の体験や声を集めるべきだと思う。

稲垣　取材班に寄せられた手紙やはがきは、圧倒的に富山大空襲にまつわるものが多かった。市が公表する２７１９人という大空襲の死者数を、どうみている？

中谷　死者の氏名や住所を当時の各町内会が調べた富山市の戦災死者名簿は貴重な資料で、他の都市に比べれば被害は分かっている方だ。軍人が含まれていないなど課題もあるが、ある程度は把握できているといえる。ただ、たまたま富山を訪れて亡くなった人は分からず、詳細の確定は難しいと思う。

稲垣　富山大空襲で、さらなる研究が必要な点はどこだろう？　調査、研究、展示する施設は必要なのでは。

中谷　被災後、県や富山市は素早く復旧対策本部を立ち上げ、街の再建に取りかかっている。一方、その後の検証は足りないとも感じる。被害エリアは人の記憶によってまちまちだ。米軍資料にはあるものの、一部に過ぎない。取材して身に染みたが、大空襲のことを知らなさすぎた。多くの証言を聴き、さまざまな資料を読んで初めて、全体の一部分を垣間見たにすぎない。街が灰になるほどの戦災を考えれば、広島にある原爆資料館並みの施設があってもいいと思う。

島津　社会面に掲載した8月1日の県内での「ドキュメント」の取材で、「富山大空襲を語り継ぐ会」の集いを取り上げた。ことしは、卒業制作で富山大空襲資料館の設計図を作成した富山市出身の大学院生が思いを語った。今後、体験者が減っていく中で、戦争を知ろう、伝えようと考える若者がいることをすごく頼もしく感じた。

稲垣　事実はもちろん、そこから見いだした教訓を伝えるのも重要だ。マリアナ沖海戦やインパール作戦などの戦いに参加した元兵士に話を聴き、記録を読んで考えさせられた。圧倒的な物量差を精神論で解決しようとした思考、作戦を考える時に軍事的な合理性より人間関係や組織の融和を優先したこと、「行った連中が弱いから」と責任を現場に押しつける軍幹部…。現代のさまざまな組織にも通じているのではないか。

出席者

稲垣重則（社会部次長・40歳）
室　利枝（社会部次長・39歳）
中谷　巌（社会部・39歳）

高嶋昭英（社会部・34歳）
浜田泰輔（政治部・30歳）
柳田伍絵（社会部・26歳）
島津あかね（社会部・26歳）

●担当デスクから――もっと語ってください

「あの日の空」の準備を始めたのは2014（平成26）年秋でした。

社会部を中心に政治部や支社、総局、支局の協力を得ながら、1年間走り続けました。

心掛けたのは、どうすれば読者に、あの時代をリアルに感じてもらえるか、ということです。

敗戦から70年が過ぎ、目の前で起こった過酷で悲惨な事実が、書物の中に納まる歴史となって、現在から離れていく流れは、簡単に食い止めることはできません。だからこそ、いまを生きる人たちに、戦争を身近に感じてもらおうと考えました。過去から教訓を汲み取るための大前提となる話です。

まずは、訳知り顔の記者が事実を再構築して提示するのではなく、無知であることを含め（恥ずかしいことではありますが）、取材の過程もできるだけ明らかにし、読者と共に事実を探求するスタイルにしようと思いました。文章も記者が前面に出てきますし、新聞紙面では毎回、署名を掲載しました。

表現も同様です。例えば、富山大空襲では爆撃機「Ｂ29」が空を覆った、と言われても想像もできません。そこで、現在の富山―東京便に使われる航空機と同じようなサイズの「Ｂ29」１７４機が1時間51分の間に51万発超の焼夷《しょうい》弾を投下した、としました。記者に焼夷弾を持たせ、その感想も盛り込みました。

銃後の生活を体験しようと、当時を知る女性たちに「大豆ご飯」と大豆を使った「パン」を作ってもらい、食べてみました。赤紙が届く手順も、資料や証言を基に再現しました。少しでもリアリティーを抱きながら事実を読んでもらうためです。常にそんな気持ちで、記者たちが書いてくる記事に向き合ってきました。

連載や特集を掲載した期間に届いた証言や感想は約１００件に上ります。随分、励みになりました。あらためて感謝申し上げます。

そんな中で、痛感したのは証言者探しの難しさです。記者として取材を担当した戦後60年の時は、今回以上のペースでお便りが届き、気軽に話を聞けた覚えがあります。たかが10年、されど10年。当時を知る人は確実に減りました。

だから、お年寄りの皆さん、もっと語ってください。体験者しか言えない記憶や痛み、願いがあります。取材に同席したいという家族もいました。戦争の話をちゃんと聞いたことがないというのです。

私たちも真摯《しんし》に向き合います。歴史社会学者の小熊英二さんが、小林秀雄賞を受けた著作『生きて帰ってきた男―ある日本兵の戦争と戦後』（岩波新書）に記しています。「聞き手に聞く力がなければ、語り手から記憶を引き出すことはできない」と。

記者の「聞く力」は鍛えられました。若い読者もそうでしょう。事実が書庫の中で歴史となり、ほこりをかぶって忘れ去られないためにも、もっと語ってください。

（社会部部長デスク・片桐秀夫）

あとがき

2015（平成27）年、この国は戦後70年を迎えた。

人々の心に大きな傷痕を残した太平洋戦争では、県内から出征した兵士はもちろん、富山大空襲でも多くの貴い命が犠牲になった。あの時、県民は戦争をどう捉え、どのような思いで生きてきたのだろう。そんな素朴な疑問から、この企画はスタートした。長い歳月は、当時の記憶を確実に風化させている。それは編集局内でもいえることだった。教科書でしか戦争や空襲を知らない若い記者があらためて富山の歴史をみつめ、読者と事実を共有し、記録として後世に残しておくべきだと考えた。

社会部を中心に取材班をつくった。14年秋のことだ。ただ、記者は専従ではない。日常の仕事をこなしながら、取材を続けた。そこで大きな壁になったのは70年という歳月だった。終戦時に20歳だった若者は90歳になる。当時の様子を知る人たちは年々減っていき、記憶もあいまいになる。記者たちは取材先に足繁く通い、証言を丁寧に掘り起こした。さらに、事実関係を確認するため資料や書籍を調べ、正確な記述を目指した。

特集を1月1日に掲載した上で、連載のプロローグを1月22日からスタートした。テーマは本紙の報道を選んだ。自らを省みる視点がない限り、歴史は真摯に問い直せないからだ。読者の戦争体験やインタビューシリーズ「あの日を語る」、遺物などを紹介する「ものは語る」で構成する特集を随時掲載しつつ、連載は10月9日まで67回に及んだ。また、地方紙12紙と連携し、普段はあまり読むことができない他県の戦争にまつわる記事を紙面で紹介した。本紙からは連載を抜粋したものを出稿した。

一連の報道を通じて戦前から敗戦、復興に至るまでの富山の歩みを振り返り、いまに生きる教訓を見いだせたのではないかと自負している。ただ、時間や紙面が限られ、取材不足だった点や、紹介できなかった事実は多々ある。それらは今後への宿題であり、その意味で、今回の企画を、本紙の太平洋戦争をめぐる報道の新たな出発点にしたいと思っている。

「あの日の空」は片桐秀夫社会部部長デスクを統括に、社会部・稲垣重則、室利枝、中谷巌、高嶋昭英、柳田伍絵、島津あかね、政治部・浜田泰輔の各記者が取材を担当した。支社、総局、支局からも協力を得た。

最後に、私たちの取材に協力していただいたすべての方々と、連載期間中に証言や励ましのお便りを寄せてくださった読者の皆様に、心からお礼を申し上げたい。

２０１６年1月

北日本新聞社執行役員編集局長　忠田憲美

あの日の空
とやま戦後70年

２０１６年１月30日発行

編　著　北日本新聞社編集局
発行者　板倉　均
発行所　北日本新聞社
〒９３０-００９４ 富山市安住町２番14号
電　話　０７６（４４５）３３５２
ＦＡＸ　０７６（４４５）３５９１
振替口座　００７８０-６-４５０

編集制作　（株）北日本新聞開発センター
印刷所　北日本印刷（株）

定価はカバーに表示してあります。

ISBN 978-4-86175-091-5 C0095 Y1300E